GAK

Gangwon Archiving, Archive key, Key-word

오감(五感), 오! 감

KB073707

CONTENTS No.01

Prologue

강원수집, Gangwon_Soozip

감긱, 感覺 and 긱 各 角 GAK

EDITOR'S LETTER

한 해의 절반을 보낸 시점, 여름의 문턱에서
'강원도의 감각을 표현하는 〈로컬매거진 각.GAK〉'의 정식 창간호를 선보입니다.
강원도의 이야기에 관심 가져주셔서 깊은 감사를 드립니다.

가상공간에서 펼쳐지는 이야기들이 점점 많아질수록 내가 직접 감각하고 느끼는
'오감'이 더 중요해지는 것 같습니다. 내가 진짜 살아 있음을 깨닫는 요소가 되기도 하고요.

그래서 창간호의 주제를 '오감'으로 정했습니다.
이 안에 담겨 있는 이야기들이 여러분의 오감을 자극할 수 있기를 바라는 마음으로
준비했으니 어떤 감정을 느꼈는지 후기도 들려주세요.

내가 사는 곳에서 새롭게 감각하는 일상이 여러분에게 주어지기를,
그래서 보다 자유롭고 평안하기를 바랍니다.

5

편집장 권진아

평창, 하우스못골 ⓒ안형우

원주, 문막 취병리 벚꽃 ⓒ안형우

원주, 아카데미극장 ⓒ안형우

원주, 행구수변공원 ⓒ안형우

원주, 아카데미극장 ©안형우

원주, 한지문화축제 ⓒ안형우

원주, 한지문화축제 ⓒ이형우

강릉, 강문해변 ⓒ안형우

강릉, 선교장 ⓒ안형우

원주, 철길과 걸어가는 비밀의 장소 ©savor_the_moment

원주, 용수골 양귀비 축제 ©안형우

원주 원인동 @ohotograph, @studio_224_

원주 원인동 @ohotograph, @studio_224_

원주 원인동 @ohotograph, @studio_224_

원주 원인동 @ohotograph, @studio_224_

원주 아카데미극장 @wonjuacademy1963

원주 아카데미극장 @wonjuacademy1963

강원수집,

Gangwon Soozip

뜨거운 감자

[뜨거운 감자]는 현재 우리가 사는 강원
도에서 이슈되는 이야기를 톺아보는 코
너입니다. 창간호에서는 '원주 아카데미
극장' 이야기를 다룹니다.

원주,
아카데미극장

나는 너와 헤어지기 싫어, 아카데미극장

- 2020년 6월~2023년 6월에 이른 우리의 이야기 -

글, 사진 제이엔

1963년 C도로에 개관한 아카데미극장 출처 : 아카데미의 친구들 블로그

#1. 2020년 6월, 아카데미극장 청소의 날

14년 만에 아카데미극장의 문이 열린다는 소식에 이유모를 설렘을 강하게 느꼈다. '안녕 아카데미' 행사를 앞두고 아카데미극장 청소의 날에 함께할 시민을 모집한다는 글을 보고 고민 없이 신청했다. 그렇게 들어가 본 아카데미극장 안에는 과거 그대로의 상영관과 로비, 매점 등이 먼지에 쌓인 채 있었다.

구석구석 돌아보면서 이전에 극장을 이용할 땐 알 수 없었던 극장 소유주의 가정집이 아카데미극장 내에 연결돼 있었다는 것에 크게 놀랐고, 그곳에 살던 가족들의 흔적이 고스란히 남아 있는 게 신기했다. 물건을 정리하면서 버릴 것과 전시할 것을 추렸고, 허락을 받고 몇몇 물건은 개인 소장용으로 가져왔다. 아카데미극장에서 만난 물건들을 같이 발굴한 미자 리와 의논해 사진을 찍어 전달했고, 미자 리는 〈아카데미에서 만남〉이라는 작은 소책자를 만들었다.

먼지와 퀴퀴한 냄새가 극장 내 가득했지만 우리가 극장 안에 들어와 있다는 사실만으로도 입가에 미소는 떠나질 않았다. 버리고 쓸고 닦고 수많은 사람들의 수고함으로 아카데미극장은 점점 반짝여 갔다.

#2. 2020년 8월과 11월, '안녕 아카데미'

8월과 11월, 두 차례에 걸쳐 진행된 '안녕 아카데미' 행사는 아카데미극장에서 하고 싶은 것, 할 수 있는 것, 해보고 싶던 것을 모두 실험해보는 자리였다. 나는 시민도슨트로 사람들에게 가정집에 대해 설명하기도 했고, 남편과 아들과 함께 그림책을 만들기도 했다. 부모님, 친구, 지인들을 대동해 여러 차례 아카데미극장을 방문하며 추억을 쌓기도 했다.

여름과 가을 열린 행사의 모든 프로그램이 만족스러웠으나 가장 행복감을 준 건 '영화 상영'이었다. 아카데미

극장 2층 자리에서 남편과 아들과 나란히 앉아 무성영화 〈항해자〉를 본 날, 나는 과거로 시간여행을 간 것 같았다. 무의식 속에 있던 과거 아카데미극장에서 영화를 보았던 내가 수면 위로 떠오른 진귀한 경험이었다. 아카데미극장에서 내 아이와 영화를 볼 날이 올 거라곤 상상조차 못했는데 과거와 현재, 미래로 이어지는 아카데미극장의 기능과 가능을 보면서 이곳이 꼭 보존되기를 간절히 바라게 되었다.

#3. 2020년 12월, 강혜연 작가 전시

꽤 추웠던 겨울, 아카데미극장에서 진행 중인 강혜연 작가님의 전시를 보러 갔다. 전시의 제목은 '오래된 것들은 다 아름답다'. 원주의 오랜 풍경들을 흙 그림과 미니어처 소품 등으로 만들어 전시되어 있었는데, 아카데미극장과 너무 잘 어울렸다. 이곳에서 꼭 개인전을 열고 싶었다는 작가님의 이야기를 들으며 오래된 것이 주는 소박한 아름다움을 충만히 누릴 수 있었다.

#4. 2021년 3월, 아카데미 3650 프로젝트

문화재청 공모사업에 탈락하면서 아카데미극장이 철거 위기에 놓이게 되었다. 그러나 아카데미극장을 지키고 싶어 하는 시민들의 열망은 모금 운동으로 이어졌고 2021년 3월 시작된 '아카데미 3650 프로젝트'에 나는 소 엑이지민 우리 가족 이름으로 각각 기부하며 동참했다. '100인 100석'도 '아카데미 3650 프로젝트'도 자발적으로 시민들이 움직일 수 있던 건 아카데미극장이 가진 소중한 가치 때문이라 생각한다.

#5. 2022년 4월, 아카데미 원탁회의 100인 토크

2022년 1월, 원주시가 아카데미극장 매입을 완료했고 4월에는 원주 진달래관에서 '아카데미 원탁회의 100인 토크'가 열렸다. 시민들의 의견을 수렴해서 앞으로의 극장 활용 방안을 논의하겠다는 취지였고, 나는 이 자리에 이들과 함께 참여했다. 어린 아이의 이야기에도 귀 기울여주는 좋은 어른들이 있어 유익한 시간이었다. 각 테이블마다 퍼실리테이터가 질문을 던지며 대화를 도출해내어 생각들이 확장, 연결되는 자리였다. 나의 아들은 아카데미극장이 '예술 놀이터이자 실험실'이 되면 좋겠다고 이야기했다.

#6. 2022년 6월, 염력의 세계 전시

전시 제목을 보고 호기심을 불러일으켜 남편과 신랑과
셋이 전시를 보러 갔다. '염력의 세계'라는 제목답게 아
카데미극장 곳곳은 신비함으로 우리의 시선을 사로잡았
다. 눈에 보이지 않는 힘에 대해 다양한 오브제로 이야기
를 풀어낸 작가의 상상력에 박수를 보냈다. 이전과는 사
뭇 다른 아카데미극장의 새로운 모습을 보는 것만으로도
만족스런 전시였다.

#7. 2022년 7월, 시민상상워크샵

문화기획가로 시민상상워크샵에 참여했다. 강사님의 안내에 따라 '우리 동네 자원 비교하기'로 먼저 공간, 사람, 콘텐츠로 구분해 참여자들끼리 이야기를 나눴고 이를 바탕으로 '아카데미극장 탐험 일지'를 작성하며 각자 마음에 드는 공간을 선택해 구석구석 살펴보았다. 나는 아카데미극장의 여러 공간 중 1층 매표소 안쪽 방 공간과 1층에서 2층으로 올라가는 계단을 선택해 살펴보았는데 기획자의 시선으로 바라보아서인가, 기존에 알던 공간도 낯설게 느껴지며 이곳에서 어떤 이야기들을 펼칠 수 있을지 상상하게 되었다.

#8. 2023년 현재, 아카데미의 친구들

이외에도 작년까지 아카데미극장에선 영화 상영, 전시,
투어 등 다양한 프로그램이 활발히 이뤄졌었다. 그런데
민선 8기 출범 이후 아카데미극장 철거안이 거론되기 시
작했고, 개방되었던 아카데미극장도 굳게 문이 닫혔다.
보존을 찬성하는 시민들이 자발적으로 '아카데미의 친구
들'이라는 이름으로 모이기 시작했고, 원주 지역 내에서
만이 아니라 전국적으로 연대하는 움직임들이 생겨나면
서 아카데미극장을 보존하기 위한 운동을 진행하고 있
다. 또한 위법한 과정으로 추진된 철거안을 무효화하기
위한 법률 대응과 시정정책토론 청구, 거리행진, 텐트 밖
아카데미 등의 활동도 지속적으로 이어가고 있다.

과거와 현재, 미래를 잇는 힘
원주 아카데미극장

＊＊＊

아카데미극장 시민보존운동 프로젝트

1963년에 지어진 원주 아카데미극장은 현재 원주 내에서 유일하게 남아 있는 단관극장이다. 옛 극장의 원형을 그대로 보존하고 있는 극장으로는 국내에서 가장 오래된 곳이기도 하다. 원주에 오래 살았던 사람이라면 기억하겠지만 원주에는 아카데미극장 외에도 네 곳의 단관극장이 더 있었다. 1996년 군인극장이 철거된 이후에도 네 곳의 단관극장은 성업했으나 2005년 멀티플렉스 영화관이 생기면서 하나둘 차례로 문을 닫은 후 철거되었다. 유일하게 남은 아카데미극장만은 지키자는 목소리가 모아졌고 작년에는 두 차례에 걸친 '안녕 아카데미' 행사로 14년 만에 아카데미극장의 문이 활짝 열리는 기쁨도 맛보았다.

그러나 2019년과 2020년 문화재청 '근대역사문화공간 재생 활성화사업' 공모에 연이어 탈락하면서 현재 철거 위기에 놓였다. 이대로 정말 아카데미극장은 영영 사라지는 것일까? 아카데미극장의 보존을 위해 시민운동 프로젝트를 진행 중인 원주영상미디어센터의 한누리 국장을 만나 이에 관한 이야기를 들어보았다.

문화재청 공모 사업이 잘될 줄 알았는데 탈락해서 무척 아쉽습니다. 그런데 포기하지 않고 2월부터 시민모금운동 프로젝트를 진행했는데요. 현재 어떻게 프로젝트가 진행되고 있나요?

문화재청 공모 사업에 2년 연속 지원했는데 탈락해서 아카데미극장을 매입할 수 있는 기회가 사라지게 됐는데요. 소유주가 3월 내에 시가 매입 여부를 결정하길 비랐어요. 그런 상황에서 어떤 움직임을 보이지 않으면 안 될 것 같았죠. 시민운동을 해보자는 의견이 모아지게 됐고 보존추진위원회도 만들어졌어요. 시민 모금만으로 아카데미극장을 매입할 순 없지만 근거라도 마련하자는 취지로 시작하게 됐죠.

첫 번째 행동으로 '100인 100석 프로젝트'를 진행했고 102명이 100만 원을 기부해주셨어요. 지금은 두 번째 행동으로 '3650 프로젝트'를 진행 중인데요, 현재 650여 명이 참여해주셨고 1,800만 원 정도의 기부금이 모였어요. 이 프로젝트는 많은 금액을 모으는 게 목표가 아니라 많은 인원이 동참하는 게 목표예요. 원주 시민이 현재 35만 명 정도에 유동인구까지 합하면 36만 5천 명이 된다고 해요. 그중 1%만이라도 보존 운동에 동참했으면 하는 의미에서 이름도 '3650 프로젝트'로 지었습니다.

저도 3650 프로젝트 취지를 듣고 가족별로 적은 금액이지만 기부했고, 주변에도 홍보하고 있는데요. 구체적으로 이 프로젝트에 대해 좀 더 설명해주시겠어요?

'3650 프로젝트'는 모금 일정을 조금 연기해서 5월 말까지 진행하기로 했어요. 최대한 많은 이들이 동참하게 하기 위해서는 보존 활동을 알려야 하기 때문에 이 활동을 소개하는 데 집중하고 있어요. 아무리 포스터를 붙이고 홍보해도 지인이 소개하고 알리는 게 가장 효과적이라고 판단되어 '먼데이 공유 이벤트'를 진행 중이에요. '3650 프로젝트'는 1만 원 이상 기부하면 아카데미극장이 보존됐을 시 극장 내부에 기부자 명단이 새겨지고요. 영화 카드, 엽서, 맨투맨 티 등 금액 별로 굿즈를 제공해요. 굿즈 제작비용은 원주시창의문화도시지원센터에서 지원하고 기부금 전액은 극장 매입비용으로만 사용됩니다. 온라인 이벤트를 다양하게 진행 중이니 많은 관심 부탁드려요.

'아카데미극장 구하기 프로젝트' 첫 번째 행동이었던 '100인 100석' 프로젝트가 목표금액을 초과 달성했었는데요. 이에 얽힌 에피소드가 있을까요?

네, 정말 다양한 연령대의 여러 분들이 선뜻 기부금을 쾌척해주셨는데요. 기부자 중에 원주성공회 교회의 교인인 심소혜 님이 계셨어요. 그분께서 처음엔 100만 원씩 내야 하는 건지 모르고 10만 원을 기부해주셨는데요. 저희가 연락드려서 첫 번째 행동 프로젝트에 대해 설명 드리고 3월부터는 소액 기부가 가능하니 그때 다시 안내드린다고 했거든요. 그런데 이분께서 같은 교회 교인 분들에게 손 편지를 써서 모금액 100만 원을 모으신 거예요. 그렇게 동참한 분들이 함께해서 교회 이름으로 기부를 해주셔서 감동이고 감사했죠. 이 외에도 원주시 공공기관들과 강릉시네마테크 등에서도 기부해주셨고 생각보다 20~30대의 젊은 분들이 많이 기부해주셔서 놀랐어요. 아카데미극장에 대한 직접적인 추억이 없는 분들이 선뜻 기부해주신 거니까요.

지난 2월 22일엔 보존추진위원회를 발족하고 여러 단체의 지지성명 발표도 이뤄졌는데요. 모금운동을 확대하기 위해 현재 진행 중인 프로젝트 외에 진행 여부를 논의 중인 내용도 궁금합니다.

추진위는 원주영상미디어센터, 원주시창의문화도시지원센터, 사회적협동조합 모두, 원주도시재생연구회 등 여러 시민단체와 기관에서 뜻을 모았고요. 50여 명의 인원들이 활동하고 있어요. 건물만 매입하는 게 아니라 주차장 부지까지 매입하는 게 조건이고 보수공사도 진행해야 하다 보니 매입비용이 꽤 큰데요. 그렇다 보니 시에서도 매입 결정이 빨리 이뤄지기 힘든 거겠죠. 그래서 보존위에서 주차장 부지는 '전통시장 주차장 환경개선사업'에 공모해서 국고 지원으로 충당하고, 보수비용은 강원도 예산이나 국고 지원 사업을 통해 마련할 수 있는 방안을 제안했어요. 시민모금액과 시 예산으로 건물 매입비를 마련하는 거고요.

이런 상황에서 아직 매입 여부는 결정되지 않았지만 이 극장을 어떻게 활용했으면 좋겠는지 포럼을 열 계획을 갖고 있습니다. 현재는 변해원 센터장 님께서 21곳의 주민자치위원회를 다니면서 보존운동에 동참해 달라 소개하고 있어요. SNS 활동을 안 하는 분들을 위해 리플렛 우편 발송도 했고요.

'아카데미특공대' 활동도 진행했는데 어떤 사람들이 모였고 어떤 이야기들이 수집되었나요?

아카데미 보존운동 프로젝트를 좀 더 알리고자 특공대란 이름으로 서포터즈를 모집해서 활동했는데요. 여러 분들이 다양한 이유와 목적으로 아카데미극장 보존운동에 참여해주셨어요. 작년 '안녕 아카데미' 행사에 참여해서 극장을 알게 된 분, 이릴 때 이곳에서 영회를 보신 분 등 다양했고요. 저희가 공개하는 홍보물을 각자 SNS에 홍보해주는 건 기본적인 활동이었고 각자가 원하는 콘텐츠를 만들기도 했는데요. 극장을 소재로 한 그림을 스케치하는 분도 있었고, 극장과 관련된 내용과 사람을 인터뷰해서 아카이빙 북을 만드는 분도 있었어요. 영화 '씨도로'에 리뷰를 써주시거나 단편소설을 쓴 분도 있었고요. 독특하게 이 극장 외형을 따서 오르골을 제작하고 싶다는 분도 있었어요. 가정집에 있던 스티커로 핸드폰 배경화면을 만들어 공유해주신 분도 있었고요.

아카데미극장을 보존하려는 움직임은 사실 2016년부터 이뤄졌는데요. '아카데미로의 초대' 때부터 작년 '안녕 아카데미', 그리고 현재의 모금운동까지 모든 프로그램에 함께해왔는데 가장 어려웠던 건 무엇인가요?

말씀하신대로 2016년부터 아카데미극장을 보존하기 위한 여러 행사를 기획하고 진행해왔는데요. 처음 시민들 대상으로 설문조사를 진행했을 때 1,000명 정도 참여했고 그중 88%가 보존을 원한다고 답했었어요. 그런 와중에 작년에 처음으로 극장 안에서 행사를 진행할 수 있었는데요. 이를 위해 정밀안전진단 검사도 받았죠. 참여한 분들 모두 만족도가 높았고 저희도 신기하고 즐거웠어요. 철거 위기에서 보존 가능성으로 지난 5년간 계속해서 아카데미극장의 생사가 기로에 놓였었는데요. 사실 작년에 2번째로 도전한 문화재청 공모사업에서 탈락되었을 때가 가장 힘들고 어려웠어요. 정말 이번에는 될 줄 알았거든요. 그런데 탈락하고 다시 철거 위기에 놓인 상황이라 지금도 마음이 쉽진 않아요.

아카데미극장이 보존된다면 어떻게 활용되었으면 좋겠는지, 만약 철거된다면 어떤 부분이 가장 아쉬울 것 같나요?

아카데미극장이 보존되면 어떻게 활용할지에 대해 테스트했던 게 바로 작년 '안녕 아카데미' 행사였어요. 영화관이라는 본래의 기능은 계속 가져갔으면 좋겠다는 의견이 많아서 영화 상영도 했었고요. 로비를 전시 공간으로 활용해 독립출판물도 비치했고, 문화교육공간으로도 활용했죠. 아카데미극장 스크린 앞에 무대가 있으니 그 무대를 활용해 공연도 진행했고요. 이렇게 한 가지 기능만이 아닌 다양한 기능들을 갖고 있는 게 이곳의 장점이자 매력인 것 같아요. 물론 이곳을 어떻게 활용할지는 매입 여부가 결정된 후에 계속 논의되어야 할 필요가 있죠.

이제 딱 하나 남은 단관극장인 아카데미극장마저 철거되고 만다면 이 공간에 대한 무수한 경험과 시간들이 전부 사라지는 거라고 생각해요. 아무리 옛 추억을 간직한다 해도 눈에서 사라지면 잘 기억나지 않잖아요. 저도 학창시절을 원주에서 보내면서 이곳에서 영화를 봤던 게 기억나요. 2층의 우측 좌석에서 영화를 봤었는데 사실 이전에는 그 기억이 희미했거든요? 그런데 작년 행사 때 그 자리에서 영화를 보는데 예전에 이곳에서 영화를 봤던 감정과 연결되면서 제 추억과 기억이 온전해지는 느낌을 받았어요. 그때 진심으로 여기는 없어지면 안 되겠다는 생각이 더 강하게 들었죠.

많은 원주 시민들의 추억의 장소로서 이곳이 보존되어야 할 의미도 있겠지만 미래세대가 잘 활용할 수 있는 기회도 사라지는 거라 생각해요. 작년 행사 때 어린이부터 노년층까지 다양한 연령대의 분들이 참여하는 모습을 보면서 이곳이 과거와 현재뿐 아니라 미래를 이을 수 있는 가능성의 공간이라 생각했거든요.

글. 권진아, 사진. 이유주

* 이 기사는 '원주문화재단 웹진 2021년 5월호'에도 실렸습니다.

2022년 〈아카데미학교 : 시민기록가〉

『원주 아카데미극장 시민기록전』
원주아카데미극장 보존추진위원회

2015년 문화극장 철거 이후, 유일하게 남은 아카데미극장을 보존하고자 원주도시재생연구회와 원주영상미디어센터를 중심으로 보존활동이 시작되었다. 시민들과의 협업을 통한 '아카데미로의 초대' 행사를 시작으로 원주 단관극장 다큐멘터리 〈씨도로〉 제작, 원주시역사박물관과의 기획전시, 타 지역 문화재생 사례 연구(영화진흥위원회 지원), 아카데미극장 보전과 활용에 대한 설문조사(1천 명 오프라인 조사, 강원혁신포럼 지원), 재생시범사업 '안녕아카데미' 등을 진행해 왔다.

2021년 철거 위기에 대응하기 위해 아카데미극장 보존을 위해 애써온 시민들이 모여 보존추진위원회를 정식 발족했다. 아카데미극장 보존을 위한 시민모금 '100인 100석 프로젝트'를 통해 3주 만에 1억 원 모금을 달성했고, 원주시 18개 주민자치위원회와 54개 전국영화문화단체의 지지 성명을 이끌어냈다. 이 과정을 통해 문체부 산하 문화유산 국민신탁과 한국내셔널트러스트가 공동 주최한 '이곳만은 꼭 지키자' 캠페인에서 '문화재청장상'을 수상했다. 원주시는 2022년 1월 아카데미극장 매입을 완료하였다. 현재 아카데미극장 재생을 위한 민관협의체 구성을 위해 노력하고 있다.

2023년, '아카데미의 친구들'의 이야기

앞서 살폈듯이 '원주아카데미극장 보존추진위원회'의 이름이 '아카데미의 친구들'로, '아카데미의 친구들 연대체', '아카데미의 친구들 범시민연대' 등의 이름으로 확장된 것은 작년 민선8기 원강수 원주시장이 출범한 뒤 급격히 진행된 사안이다. 2022년까지만 해도 '원주아카데미극장 보존추진위원회'의 활동과 '아카데미학교 : 시민기록가' 등의 유의미한 활동이 아카데미극장을 자유롭게 드나들며 점진적으로 이뤄졌었는데, 현 원주시장 당선 이후 아카데미극장을 철거하겠다는 안건이 상정되고 철거안이 시의회에서 가결되면서 '불통행정, 위법절차'에 대한 시민들의 분노는 더 거세지고 있다.

문화자산인 아카데미극장이 왜 보존과 철거의 찬반논란으로 첨예한 대립이 이뤄지고, 진흙탕 싸움으로 몰고 가는지 우리는 여전히 알지 못하나 그저, 시민공개토론청구에 시장이 응해주기를 바라며 오늘도 아카데미극장 앞에서 노란 텐트를 치고 아카데미극장이 철거되지 않기를 간절히 바라고 있다. 이 슬프고도 아름다운 광경을 함께 목도하는 '아카데미의 친구들'의 이야기의 일부를 여기에 싣는다.

#1.
다시 아카데미극장에서 영화 〈해리포터〉를 볼 그날까지

사회적협동조합 모두 직원 김귀민 씨 인터뷰

Q1. 자기소개 부탁드려요.

2022년 3월부터 사회적협동조합 모두에서 근무 중인 김귀민입니다. 원주에서 초등학교부터 대학교까지 다닌 원주 청년이에요.

Q2. 원주영상미디어센터와의 인연은 어떻게 되나요?

고등학교 시절 영상동아리를 개설해 활동하면서 처음 원주영상미디어센터를 알게 되었고, 이후 상지대학교 문화콘텐츠학과를 진학해 원주영상미디어센터에서 인턴으로 근무하기도 했어요. 특히 2020년 인턴 때 '안녕아카데미' 행사를 경험하면서 큰 재미를 느낀 것이 계기가 되어 현재 사회적협동조합 모두에서 근무하고 있습니다.

Q3. 영화 〈해리포터〉에 나오는 마법사 복장을 하고 사람들 앞에 선 모습이 인상 깊었는데요, 마법사 옷은 어떤 계기로 입게 된 건가요?

2022년에 원주시에서 아카데미극장을 매입하면서 저희로서는 보존 활동을 다양하게 해보는 시기를 갖게 됐어요. 작년 12월 시네마코프 상영전을 할 때 어떤 영화를 상영할지 논의했었는데, 제가 해리포터 시리즈를 좋아해서 추천했는데 상영이 확정되었어요. 젊은 청년 세대들이 어릴 때 실제 아카데미극장에서 〈해리포터〉를 보았다는 이야기도 많이 들었고요. 그래서 관람객들을 위한 이벤트를 하면 좋겠다 싶어서 인터넷으로 해리포터 코스튬을 검색해 주문했고 그때부터 마법사 옷을 입게 됐어요.

Q4. '시네마코프전'을 하면서 다양한 관람객들도 만났을 텐데요, 인상 깊은 에피소드는 무엇인가요?

작년에 〈해리포터 마법사의 돌〉을 상영했는데 한 남성 관람객이 사진을 함께 찍어달라고 요청하셨어요. 그분은 해리포터의 엄청난 팬이었는데 영화가 30분 정도 상영됐을 때 로비로 나와 저에게 코스튬을 해줘서 너무 고맙다고 말하시더라고요. 알고 보니 다음 날 새벽에 영국으로 출국해야 하는 상황이라 영화를 다 보지 못하고 나오신 거였어요. 스크린에 해리포터가 걸리는 것만 봐도 좋다는 분께 작은 추억이나마 드릴 수 있어 뿌듯하고 감사한 기억이었어요. 또 아카데미극장에서 영화가 상영한다는 소식만 듣고도 서울에서 퇴근 후 원주까지 와서 영화를 보고 다시 막차를 타고 서울로 돌아간 관람객도 있었고, 타지에서도 많은 관람객들이 아카데미극장에 관심을 가져주었습니다.

작년 6월 지방선거 이후 민선 8기가 출범하면서 인수위 보고서에 아카데미극장 보존에 대해 재검토한다는 소식을 듣게 되었어요. 12월 예산 편성에선 아카데미극장 보존에 대한 예산이 다 빠져버리기도 했고요. 아카데미극장이 현수막과 천으로 가려질 걸 예상한 건 아니지만 이렇게 아카데미의 친구들 커뮤니티까지 이어지게 되었네요. 최근 따뚜공연장에서 진행된 나무 심기 묘목 나눠주기 행사에서 아카데미극장 보존에 대한 리플릿을 일반 시민들에게 나눠주고 서명을 받았는데 10명 중 9명이 리플릿을 받아주셨고 보존에 대해서도 대부분 긍정적 반응을 보여주셨어요. 연령대에 상관없이 저희 의견에 힘이 되어주는 분들이 많이 있었고 준비해간 리플릿 1,000장을 모두 소진하고 왔어요. 한치 앞을 예상할 수 없는 상황이지만 자발적 시민 모임인 '아카데미의 친구들'에 행정적인 서포트를 하고 있는데 이분들이 지치지 않도록 계속 도와줄 거예요. 보존 활동을 지지하는 시민 모두가 타협하며 나갈 수 있게 하는 게 우리의 계획입니다. 올 연말에는 아카데미극장에서 〈해리포터 비밀의 방〉을 꼭 상영하면 좋겠네요.

#2.
서울에서 원주까지 몇 번이고 오는 이유

노동도시연대 김정현 씨 인터뷰

Q1. 자기소개 부탁드려요.

서울 강남서초 지역 시민단체 「노동도시연대」 운영위원 김정현입니다. 지역에서 노동권과 도시권(都市權)을 중심으로 사업을 진행하고 있고, 최근에는 아카데미극장 연대사업에 주력하고 있습니다.

Q2. 아카데미극장 소식은 처음 어떻게 접하게 되었나요?

서울에서도 근현대 역사 문화재 철거 압력이 거셌어요. 우리 단체에서 결합한 개포 주공1·4단지(한국 최초의 연탄보일러식 아파트) 철거 반대 운동을 하면서 경기대 안창모 교수님 발언을 주의 깊게 봤고, 올해 초에 교수님 정보를 검색하다 아카데미극장 소식도 접하게 됐습니다.

Q3. 서울에서 원주까지 오는 길이 번거로운 일인데 기꺼이 오게 된 동력은 무엇인가요?

사실 생각보다 힘들지 않아요. 평소에 움직이는 범위가 넓다 보니, 한 번 와보니 다시 와도 무리 없겠다는 생각이 들었습니다. 서울 활동에서는 느끼지 못한 새로운 분위기도 마음에 들었고요. 최근에 긍정적인 에너지를 얻을 일이 없었는데 올 때마다 기운을 받고 갑니다.

Q4. 4월 19일 시의회 앞에서 처음 뵙고 이후 아친 연대체 가입 등 지속적으로 함께 활동을 이어가주고 계신데, 그간의 진행상황을 보며 느낀 점은 무엇인가요?

지역주민의 높은 참여도와 몇 달 만에 원주를 넘어 중앙 이슈로 만든 역량이 놀랍습니다. 중앙과 밀접한 서울에서도 이렇게 만들기 쉽지 않거든요. 아카데미의 친구들 분들이 아카데미를 얼마나 사랑하는지, 또 그동안 많은 역할을 해온 게 느껴집니다. 원주 아카데미극장 사례는 전국의 보존 활동을 하는 분들께 큰 영감을 줄 거로 생각해요.

Q5. 하고 싶은 이야기 한마디 부탁드려요.

지역끼리 연대는 엄청난 힘을 가집니다. 원주시민이 서울을 비롯한 전국의 근현대 보존 활동에 귀기울여 준다면, 원주아카데미 또한 오랫동안 곁에 머물 것이라 생각해요. 서로 힘이 되기를 희망합니다.

추억으로 사라지지 않기를
바라는 마음으로…

아카데미극장에서 처음 영화를 본 2020년 11월 5일의 기억이 떠오릅니다. 영화는 시간 여행 영화의 바이블이라 불리는 〈Back to the future〉였습니다.

어릴 적 서울의 어느 단관 극장에서 부모님과 함께 영화를 봤던 그 추억과 향수가 고스란히 떠올라 영화를 보는 내내 실제로 과거로의 추억 여행을 한 느낌이 강하게 들었습니다. 그날 장소 자체에서 느꼈던 감정이 너무나도 좋아서 '앞으로 아카데미극장에 자주 오게 되겠구나'라는 생각을 했었던 기억이 납니다.

그 이후 정말로 아카데미극장을 자주 방문하면서 좋은 사람들을 많이 만났고, 즐거운 경험과 새로운 추억을 만들어가는 재미에 빠지게 되었습니다. '옥상영화제'에서 밤샘 영화로 졸음을 참아가며 본 〈올드보이〉, 추운 겨울날 아내와 핫팩을 여러 개 챙겨들고 손에 땀을 쥐며 봤던 〈탑건 매버릭〉, 공감과 영감으로 가득했던 여러 번의 다양한 전시 프로그램. 매 순간이 신기했고 즐거웠던 경험이었습니다. 그중 작년에 6살 아들과 손잡고 아카데미극장 곳곳을 누비며 웃고, 떠들고, 사진 찍었던 너무나도 소중한 기억이 지금도 눈을 감으면 한 장면 한 장면 영화처럼 떠오릅니다.

그러던 어느 날 아카데미극장의 보존과 재생에 대한 기대감은 걱정과 불안으로 바뀌게 되었습니다. 아카데미극장 사업에 대한 재검토 이야기가 다시 들려왔기 때문입니다. 2022년 12월에 있었던 시의회 정례회에 방청을 다녀오고 나서 아카데미극장을 지키는데 작은 힘이라도 보태야겠다는 마음으로, 함께 모였던 분들과 "아카데미의 친구들"을 결성하게 되었습니다. '사람과 사람이 손을 맞잡고 아카데미극장을 한 바퀴 둘러서려면 몇 명 정도가 있어야 할까?' 라는 생각을 하다가 인간 띠 잇기 챌린지를 해보면 어떻겠냐는 제안이 지금의 시민 행진으로까지 이어지게 될 줄은 전혀 예상하지 못했던 일입니다.

"좋은 삶을 살고 싶다"라는 말은 비단 육체적 풍요만의 삶은 아닐 것입니다. 정신적 풍요를 느끼려면 인간은 의식주 외에 문화 예술이 필요합니다. 이 시대에도, 다음 시대에도 문화 예술이 꼭 필요한 이유는 눈에 보이는 가치보다 더 중요한, 눈에 보이지 않는 가치가 존재한다는 사실을 끊임없이 일깨워주기 때문이라고 생각합니다. 인간에 대한 관심과 존중, 그리고 사랑과 같은 가치 말입니다.

문화 예술을 필요로 하는 시민들의 힘으로 지켜낸 극장입니다. 이미 한번 지켜냈던 극장을 또 한 번 더 지켜야 한다는 사명감과 책임감을 느끼게 되면서 열심히 활동을 이어오다 보니, 어느덧 지금의 여정에까지 이르렀습니다. 점점 더 많은 이들의 마음이 모이게 되는 과정을 눈으로 직접 본다는 것은 깊은 감동입니다. 힘들지만 끝까지 최선을 다해야겠다고 다짐하게 되는 이유이기도 합니다.

끝날 때까지 끝이 아니라는 말을 요즘 자주 합니다. 저에게는 언젠가 아들과 다시 한번 손잡고 아카데미극장에서 영화를 보고 싶다는 소박한 소망이 있습니다. 나와 같은 소망을 가진 이들의 마음이 오늘도 극장에 모입니다. 그렇기에 작지만 의미 있는 발걸음을 또 한 걸음 조심스레 내딛습니다. 언젠가 당신과도 아카데미극장에서 뵙기를 바랍니다.

아카데미의 친구를 내표 / 이주싱

룸메이트를 소개할게요

> 선명한 효비자
> (자주는 아니고 가끔씩)
> 흩어진 나의 조각을
> 모아 빛나는 선물을
> 만드는 창작자

'무엇보다도 너 자신에게 진실하라. 그러면 낮이 가면 절로 밤이 오듯이, 너는 누구에게도 거짓될 수가 없을 테니까.'

윌리엄 셰익스피어가 쓴 〈햄릿〉의 대사입니다. 예전에 글쓰기 모임을 하면서 읽은 글의 초입에 있었죠. 한때 '나는 대체 뭐가 문제인 인간일까?' 같은 고민을 심각하게 하던 저는, 글쓰기 모임에서 알게 된 문구 덕에 제 마음속 룸메이트를 그려볼 수 있었습니다.

제 룸메이트의 모습은 저렇습니다. 속은 엉키고 밖으로는 삐죽거리는 이상한 털 뭉치처럼 생겼어요. 스스로 사람이라고 생각해서 팔과 다리가 달려 있습니다. 가장 큰 문제는 입이 어디 붙은 건지 몰라서 저 친구의 목소리를 막을 수가 없다는 것이죠. 항상 불안한 대사들을 뱉어대지만 쉽게 그 소리를 떨쳐낼 수 없어요.

이름 : 뭉탱이
성격 : 수줍고 예민한 편
행동 특성 : 잔뜩 꼬이고 뭉친 실을 항상 풀고자 하지만
　　　　　　조금만 움직여도 다른 부분에서 엉켜버림

<뭉탱이 이야기>

뭉탱이는 영화 보는 걸 좋아했습니다. 겁은 많지만 사람 만나는 것도 좋아했습니다. 그래서 사람들이 모여서 영화 보는 곳으로 갔어요. 원주옥상영화제라고 했던가... 달의 극장에서 실오라기 하나가 또 엉켰습니다.

뭉탱이 자신조차도 속을 알지 못합니다. 언제부터 어떻게 엉키는지 모를 실오라기들의 집합체였죠. 이렇게 되어버린 이상, 즐길 수밖에 없어!

"나... 어쩌면 원주가 좋아져버렸을지도...?"

그렇게 웃고 즐기는 사이 친구들도 생겼습니다. 우리는 모두 다르게 생겼지만 꽤나 비슷한 마음의 모양을 가지고 있었어요. 그 사실이 너무 기뻐서 우리는 머리를 맞대고 함께할 수 있는 일을 궁리했어요. 영화가 좋고 원주가 좋은 우리, 하고 싶은 얘기가 많은 우리는 '우리다운 것에 대해 좀 더 탐구해 보자!'라고 생각했죠.

뭉탱이는 대화 속에서 친구들 모습에 비치는 자신을 발견합니다. 겉으로만 보면 삐죽삐죽 튀어나온 실뭉치, 풀리지도 않고 설령 풀어내더라도 어디 쓰일지 알 수 없는 문제 덩어리지만 다르게 보면 무한한 가능성이 있어요. 우리는 서로의 알맹이를 발견해 줘요. 그래서 이 만남의 이름을 '알맹연구소'로 정했습니다.

"우리의 만남이 아름답다!"

'아름답다'라는 말의 뜻을 아시나요? '아름'이 가진 여러 뜻 중에는 '나'의 의미가 있다고 합니다. 사람들은 나와 닮은 것을 봤을 때 그것에 감명해서 "아름답다!"라고 느끼는 것이지요. 뭉탱이를 처음 그릴 때 예쁘게 그리려고 하지는 않았습니다. 하지만 그려 놓고 보니 사랑스러웠어요. 나와 아주 많이 닮은 아이니까 그럴 수밖에 없는 것 같습니다.
앞으로도 가끔 제 모습이 부끄럽고 보잘것없게 느껴질 수 있지만 "맞아, 이게 나야." 오히려 당당하게 바라보면 적어도 나는 나를 사랑해 줄 수 있을 것 같아요. 의도한 대로 되는 건 많이 없어도 마냥 좋은 게 또 사는 일인 것 같습니다. 살아 있으면 나다운 것들을 더 많이 만날 수 있을 테니까요.

> 이렇게 만난다고?! 싶은 사람들끼리 모여서 글쓰기 소모임을 만들었습니다.
> 이름하여 <알맹연구소>입니다.
> 우리는 그림 속 교집합처럼 똘똘 뭉쳐서, 아카데미의 친구들 연대체로 활동하고 있습니다.
> 힘 닿는 데까지 아카데미를 지킵니다.

작가 소개

이수윤

낙서처럼 끄적이는 그림
을 그리는 걸 즐기다가 아
카데미극장 철거 소식에
뭐라도 해야겠다는 마음
으로 인스타툰을 올리게
되었습니다. 나의 그림들
로 인해 더 많은 사람들이
아카데미극장에 관심을
가져주길 바랍니다.

인스타그램
@suyun_ian

2023. 4. 19. 수. 오전 10시 반
아카데미 철거 반대 시위를 갔습니다.

남녀노소 가리지 않고
아카데미극장을 지키러 이곳에 모인
시민들을 보니 감동이었어요

시위에 시장님이 갑자기 나와서
발언을 했어요

시장님을 보니 알게되었다.
아카데미극장에 대해 전혀 알지 못하고
그냥 철거를 추진하는거구나

그래도 너무 감사하게도
우리를 지지해주는 의원님들이 정말
힘써 도와주신다는 걸 알게되었다

한 사람의 시의원이라도 더
우리의 목소리를 전하고 싶었는데
잘 되진 않았어요

그래도
우리의 목소리가 닿았을거라
믿어요.

2023. 5. 3 수요일

오늘 아카데미극장 철거에 대한 의안이
가결 되었다. (국민의힘, 13명 전원 철거찬성 ...)

예상했지만
슬픈건
어쩔수 없었다

문득 그런생각이 들었다.
왜 이렇게 힘들어 하면서도
계속 지키고 싶어하는 것일까 ...

속상해서
너무속상해서
일상이 힘든데 ...

아카데미 극장이 뭐라고
이렇게 열심히 힘들게 지키고 싶어하는 걸까

우린 분업이 있기에
릴레이시위도, 주말 행진도
쉬이 참여할수 있는게 아닌데 ...

아카데미 극장을 깨끗히 청소하던걸 구경했을때 부터일까?
그곳에서 영사기가 돌아가던걸 본 후인가 ??
사람들의 생활삶과 연결된 미로같던 그 건물을 졸긴 후 부터??

까
까

당연히
함께할거라고
생각했다.

예전부터 그랬듯
그렇게 ...

우리 베리가 크면 같이 놀러가고 싶다고 생각했다.
베리가 컸을즈음엔
그곳에서 문화행사가 늘상 열릴거라 생각했으니깐

누구나 즐겁게
아름건 뭐거같반환
미로같은 공간 ...

그랬다. 나는 좀 더 나의 삶을
즐겁고, 행복하게 살고 싶기에
아카데미극장을 이렇게도 열심히 지키고 싶은 거겠다.

낭

낭

베리랑
행복하게
즐겁게
살고싶어서 ...

어차피 삶은 녹록치않기에,
지금 이 투쟁이 쉽지않더라도 계속 이어나갈거다.
왜냐하면 싸우는 자만이 쟁취할 수 있으니까!

나는
행복을
즐거움을
쟁취할거니까!

함없어?

히유?

아카데미극장 지키는 모두들
화 이 팅

CC네는 아마도 초등학생 시절,
유행하던 소설이 있었으니...,
그건 바로 해리포터 !!

그당시 외국소설 + 유행 + 마법 같은 현실과
동 떨어진 이야기에 거부감이 왔었고

해리포터와 마법사의돌, 비밀의 방을 다 읽고
또 읽는 언니가 이해가 안갔었다.

그러다가 해리포터 영화가 개봉을 했고 !

엄마는 어린 남동생이랑 시내에서 기다리면서
언니와 나에게 해리포터 영화를 보여줬다

호그와트가 있는 마법세상에 눈을 뜬 나는
해리포터 광 팬이 되었고,
이 그림을 그림으로써 알게되게 되었으니...,

엄마의 사랑이 있었기에
우리가 해리포터 영화를 아카데미극장에서
볼수 있었다 !!

아카데미극장의 꿈 (1)

안녕,
나는 아카데미 극장 이야
아주 아~주 오래된 극장이지~

있지, 시간 괜찮으면
나랑 얘기좀 나눠줄래?

내가 지금은 혼자있지만,
예전에는 친구들도 많고
사람들도 늘 많이 찾아와줬어

그게… 한… 50년 전 쯤이었지 아마?
정말 즐거웠는데…
그것도 다 한때더라구

주변 친구들이 하나 둘 씩
공사를 뚝딱뚝딱 하더니

흔적도 없이 사라져 버렸지

그 때 나도 같이
사라져버리고 싶었어

하지만
난 결국 남게되었지

2편에서 계속 >>

아카데미극장의 **꿈**
（②）

그로부터 긴 세월이 지났어

언제는 큰 태풍이 몰아쳤고

언제는 하얀 눈이 하늘에서
펑 펑 쏟아졌지

그리고… 그리고…

누군가가 날 발견해줬어

음.. 아무래도 내가 마음에 들었던 모양이야

세상에… 이렇게 날 사랑해줄 수 있을까? 싶을만큼
예쁜 두 눈으로 구석구석 살펴보고는

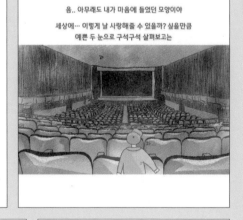

다른날엔 친구와 함께 오고

또 다른날엔 친구를 잔~뜩 데리고 와서는
날 말끔히 해주더라고

3편에서 계속 >>

아카데미극장의 꿈
③

그 때 느꼈지
아, 난 아직도 필요한 존재구나

그 이후 많은 사람들이
날 거쳐갔어

영화를 다시 상영하기도 하고
극장 내부에서 공연도 하고
관람투어도 하고
즐거움이 끊기질 않았지

돌아온 아카데미

끊기질 않았어…

…
있잖아, 나에게 꿈이 생겼어

아이들의 웃음소리가
내 안에서 울려퍼지는 꿈

세월이 가도
사람들과 함께 미래로 나아가는 꿈

영화를 좋아하는 모든 사람이
나에게로 놀러 오는 꿈

그래, 나는
꿈꾸는 아카데미 극장 이야

봉산동에서 보내는 하루

 봉산동(鳳山洞)은 원주시청에서 남동쪽으로 5km 떨어져 있고 소초면, 태장1동, 행구동, 반곡관설동과 연섭해 있나. 지악산 금내리에서 흐르는 원주천을 사이에 두고 개운동, 원동, 중앙동과 겅계를 이루고 있다. 원주천을 봉천이라 불렀을 정도로 봉산동 사람들은 원주의 젖줄인 원주천과 삶을 공존하며 함께 흘러가고 있다.

 또한 동쪽의 봉산을 병풍처럼 뒤로 하고 있는데 봉산(233m)의 모양이 봉황이 날개를 펴고 원주를 바라보는 모습이라 하여 붙여진 것으로 봉산의 끝 봉을 봉산미(鳳山尾)라 한다. 하늘의 상징인 봉황의 기운을 품고 있는 봉산에서 원주의 인물이 많이 났다는 것을 알고 있는 일본은 봉산의 정기를 죽이기 위하여 봉산미 부근에 쇠를 박아 혈(穴)을 잘랐다. 그 후부터 봉산을 봉살뫼(鳳殺뫼) 또는 봉살미(鳳殺尾)라고도 불렀다 한다.

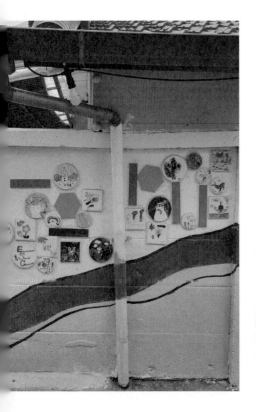

봉산의 뜰에는 오랜 역사의 이야기와 공간이 연결된 다양한 골목길이 마을과 사람을 이어주고 있다. 신도시의 급조한 듯한 길이나 이름과는 차원이 다른, 걸으면 걸을수록 새로움을 읽을 수 있는 길이다.

봉산동에는 조선의 성리학자 임윤지당을 기념하는 임윤지당길과 공동체의 교류 공간이었던 우물시장길이 있다. 또한 생명과 협동, 모심의 걸음을 따라가는 무위당길, 원주천의 옛 이름인 봉천길과 배가 머문 장소를 뜻하는 배말길, 봉황을 닮은 산을 상징하는 봉산길이 철길 옆으로 나 있다. 봉산길을 지나 학봉정 길을 오르다 보면 조선말 의병장으로 일본이 가장 두려워했다는 관동창의대장 민긍호의 묘소가 봉산의 중턱에서 원주를 내려 보고 있다.

봉산동은 역사 문화적으로도 자원이 풍부한 동네다. 100년 이상의 역사를 자랑하는 원주초등학교는 원주 최초의 근대교육기관이며, 봉산동 당간지주, 석조보살입상, 원주시역사박물관, 봉산동 성당, 원주경찰서, 원주옻문화센터 등 원주의 오랜 역사와 문화를 알 수 있는 동네. 이런 봉산동에 최근 청년들의 움직임이 눈에 띄게 늘어났다. 이 동네의 매력을 누구보다 빨리 느낀 이들이다. 대표적으로 원주상회와 옆집사람이 운영하는 공간을 찾아가 보았다.

원주스러운 기념품 판매장, ㈜원주상회

초록색 개구리 로고가 눈에 띄는 ㈜원주상회는 전 원주시의원이었던 장영덕 대표가 작년 12월 문을
연 복합문화플랫폼이다. 원주에서 생산되고 유통되는 상품들과 잘 알려지지 않은 핸드메이드 작가님
들의 작품 판매를 위한 '원주러운 기념품 판매장'을 1층에 갖추고, 원주시를 기반으로 한 상품을 직접
개발하며 플리마켓, 클래스 등 다양한 프로그램도 운영하고 있다. 또한 4층에는 원주를 방문한 여행
자, 원도심을 즐기고 싶은 시민들을 위한 숙소로 '봉산스테이'를 마련하였다. 이곳은 공유주택으로 방
3, 거실, 주방, 화장실 1개 구조로 다인원이 머무를 수 있다.

로고인 개구리의 이름은 '이팔봉'으로 이곳의 위치가 봉산로28이라 붙여진 이름이다. 우물과 우물
시장이 자리 잡았던 마을, 봉산동에서 시작하는 원주상회의 원주를 사랑하는 마음을 우물 안 개구리
에 빗댄 것이다. 장영덕 대표는 "로고부터 공간 기획, 상품 구성까지 모두 원주를 담았다. 앞으로도
지역 주민들과 함께 상생하는 플랫폼으로 성장할 것이며, 동네 분들의 활기를 위해 'again 우물시장'
행사도 준비하고 있다. 원주를 보려면 이곳을 찾을 수 있도록 좋은 상품과 콘텐츠를 계속 소개하겠
다."고 말했다.

영업시간 : 월~토 10:00~19:00 (매주 일, 명절 당일 휴무)
위치 : 원주시 봉산로28 1층 (원주초등학교 후문 앞)

옆집사람 요새&봉산

　봉산동 우물마을에 위치한 '옆집사람'은 문화로 지역을 그리는 소셜디자인 사무실이다. 신세연 대표는 마을의 일상을 다양한 감각으로 경험하고 전달하기 위해 활동하며 커뮤니티 비즈니스를 확장해가고 있다. 우물마을 내에 빈집 또는 임대 공간에 청년활동가, 지역가치 창업가, 예술가의 활동 공간을 연계해 하나의 마을브랜드를 만들어내는 것이 옆집사람의 목표다.

　창업한 지 2년여 만에 우물마을 내 4개의 공간을 운영, 예정하고 있는 옆집사람. '당신의 일상이 머무는 곳'이라는 콘셉트를 가지고 '당신의 미각이 머무는 공간 커뮤니티 펍 봉산', '당신의 이야기가 머무는 공간 옆집사람 작업실', '당신의 지식이 머무는 공간 동네책방', '당신의 하루가 머무는 공간 마을스테이'를 구상했다. 그중 동네책방의 기능을 할 '요새'를 둘러보았는데 아직 정식 오픈 전이었지만, 공간 구석구석 사용자들을 고려한 공간 연출이 눈에 띄었다. '요새'는 책과 와인, 작품 전시 등을 통해 사람들과 만날 준비를 하고 있다.

　우물시장길27에 위치한 커뮤니티펍 '봉산'에선 가벼운 술 한 잔과 안주를 곁들일 수 있으며, 오후 5시부터 밤 10시 30분까지 운영하고 있다. 매주 일, 월은 휴무.

　이외에도 봉산동에는 앙버터가 맛있는 빵집 '르브레노', 타코 맛집 '작은섬', 브런치를 즐길 수 있는 '봉산동 꽃 이야기' 등 맛과 멋이 있는 로컬 가게들이 많다. 조용하고 고즈넉한 동네인 봉산동엔 골목마다 숨은 이야기가 풍성하다. 천천히 동네를 산책하며 봉산동에서 보내는 하루가 근사한 추억을 선물할 것이다.

바다 건너 온 편지

From. 강릉

[바다 건너 온 편지]는 우리나라 동해안과 이웃한 강원도 도시들의 소식을 전하는 코너입니다.

이번 호의 발신지는 '강릉'입니다. 우리나라 인기 관광지인 '강릉'은 최근 산불로 아픔을 겪었습니다.

아직 화마가 휩쓸고 간 상흔이 검게 남아 있고 지금과 같은 속도로 지구온난화가 이어지면 침수 피해도

피해갈 수 없는데요. 그럼에도 불구하고 요즘 강릉은 다시 회복의 분위기가 돌기 시작한 거 같습니다.

'강릉' 하면 빼놓을 수 없는 바닷가와 커피거리 대신 일상처럼 언제든 들를 수 있는 일본가정식 맛집과

프랑스 파리의 낭만을 옮겨놓은 듯한 소품숍과 카페를 소개합니다. 또 이맘때 강릉의 큰 행사로 치르는

'2023 강릉단오제'의 풍경을 지면에 담아봅니다.

소박하지만 따뜻하고 맛있는 한 끼
일본가정식 전문점 '마키'

경포호와 강문해변을 인접하고 있는 강릉 초당동은 순두부로 유명한 동네다. 그러나 제아무리 유명한 맛집이어도 어떻게 강릉을 갈 때마다 순두부만 먹을쏘냐. 강릉 초당동 주택가에 위치한 '마카'는 소박하고 정갈하면서 따뜻하고 맛있는 집밥이 생각날 때 들르기 좋은 일본가정식 전문점이다. 조용한 주택가 골목에 위치한 작은 가게지만, 호텔에서 셰프로 일하던 출중한 실력의 요리사가 차린 가게라 모든 메뉴의 맛이 기본 이상이다. 특히 덴푸라가 올라간 '텐동'은 이곳의 인기 메뉴라 금방 소진이 되고 이 맛을 보러 온 손님들로 줄을 설 때가 종종 있다.

마카는 강원도 사투리로 '모두, 함께'라는 의미로 음식을 함께 나누고 싶은 마음에 상호 명을 '마카'로 짓게 되었다. 대표 부부는 원래 강원도 원주에서 거주하고 있었는데 2021년 1월 코로나19 시기에 요리사인 남편이 일을 쉬게 되면서 가게 오픈을 하게 됐다. 경기는 어려웠지만 위기가 기회가 된 셈이다. 거주하던 원주가 아닌 강릉에 식당을 개업한 이유는 남편이 이전에 살았던 지역이라 익숙하기도 했고, 동해를 찾아오는 관광객이 많은 곳이라 도전해볼 만하다 생각했기 때문이다.

이곳의 대표 메뉴는 '에비텐동'이다. 따뜻한 밥 위에 새우와 5가지 채소, 온천란 덴푸라가 올라가 푸짐하면서도 고소한 맛이 일품이다. 텐동에는 다래소스가 뿌려져 나가는데 먹을 때는 뚜껑에 모든 튀김을 덜어내고 온천란을 밥에 비벼 튀김을 반찬처럼 곁들이면 된다. 부드러운 식감의 동파육과 청경채를 곁들인 '동파동'도 인기 메뉴다. 동파육에 생와사비를 조금 올려 함께 먹으면 더욱 향과 맛이 풍부해져 맛있게 먹을 수 있다. 두 명 이상 함께 갔다면 '텐동'과 '동파동'을 세트처럼 주문해 맛보는 것을 추천한다. 튀김과 동파육의 조합이 신선하기도 하고 동파동은 쉽게 접할 수 있는 메뉴가 아니기에 특별한 미각을 선사할 것이다.

　　남편이 요리를 하면 아내는 조리된 음식을 먹음직스럽게 플레이팅 하고 반찬을 준비하는 보조 역할을 한다. '꾸준함'을 추구하는 부부는 함께 고민하며 변함없는 레시피로 초심을 잃지 않으려 노력하고 있다. 1인 셰프로 운영하고 있어 조리 시간에 한계가 있기에 현재 선보이는 메뉴의 맛에 중점을 두고 있다. 계절 메뉴로는 기본 메뉴들과 잘 어우러지는 면 요리를 선보이고 있다. 올 여름에는 열기를 시원하게 식혀 줄 '덴푸라 붓카케 우동'을, 겨울에는 따뜻한 '동파라멘'을 계획하고 있다. 마카만의 솜씨로 선보일 계절 면 요리도 기대가 된다.

　　좋은 맛을 내기 위해 신선한 재료와 깨끗한 기름, 적당한 간을 지키려고 노력하는 마카는 2년 뒤 매장 확장을 목표로 열심히 손님들을 맞이하고 있다. 지금보다 좀 더 다채로운 재료를 맛볼 수 있는 덴푸라 전문점으로 성장할 마카의 모습을 기대해본다. 강릉에서 마카만의 일본식 가정식으로 따뜻한 추억을 만들어보자.

영업시간 : 11:30~20:30 (라스트오더 오후 2시 30분/20시), 매주 월 & 2, 4주 화 휴무
위치 : 강릉시 초당원길 26-1
전화 : 033-823-0714
인스타그램 : @maka_gangneung

강릉에서 누리는 파리의 낭만
르봉마젤

강릉에서 여행자의 시선으로 골목을 걷다 보면 프랑스 파리의 감성과 낭만을 느낄 수 있는 곳이 있다. 바로 임당동에 위치한 '르봉마젤'이다. 하얀색 건물에 코랄색 문이 눈에 확 들어오는 이곳은 1,2층은 소품숍으로 3,4층은 카페로 운영하고 있다.

르봉마젤은 'le 봉쥬르 마드모아젤'의 약자로 이곳을 여자들을 위한 놀이터를 만들고 싶은 원도희 대표의 바람이 담겨 있다. "이곳에 찾아온 모든 여행객들의 일정을 망쳐놓는 것이 우리들의 목표"라는 원 대표의 당찬 포부처럼 공간 구석구석 프랑스 특유의 감성과 무드가 물씬 풍긴다. 소품숍에서는 주로 접시, 잔 등의 식기류와 패브릭 제품들을 판매하는데 르봉마젤만의 자체 제작 상품들도 많아 소장 욕구를 불러일으킨다.

　　본래 원 대표는 오프라인 공간을 운영하기 전부터 온라인 쇼핑몰인 '미쓰나이롱(https://miss-nylong.com)'을 운영하며 마니아 고객층을 확보해왔다. 서울에서 온라인 쇼핑몰을 운영하던 원 대표는 온전히 삶에 전념하고 싶은 열망이 절실해졌을 무렵 고향인 강릉으로 이주해 미쓰나이롱의 오프라인 매장인 '르봉마젤'을 열게 되었다. 온라인은 '미쓰나이롱', 오프라인은 '르봉마젤'로 브랜드를 이원화해서 거리감 있는 느낌으로 두 브랜드를 운영하고 있다. 사업이 잘될 때는 온라인과 오프라인을 연계해서 마케팅을 진행하는 것이 시너지 효과를 불러일으키겠지만, 요즘처럼 경기가 좋지 않을 때는 서로에게 어려움이 영향을 주지 않도록 신경 써서 운영하고 있다.

　　카페 메뉴와 공간 리뉴얼, 제품 개발 등 신경 쓸 것이 많지만 원 대표가 르봉마젤을 운영하면서 가장 중요하게 생각하는 것은 '자연스러움'이다. 파리 어느 골목길에 있을 법한 건물, 대가족이 북적거리는 시골집 거실 풍경의 정겨움, 나른한 주말 정오에 주방에서 풍기는 달콤하고 고소한 버터 향기, 할머니가 주방 한편에 꽂아둔 예쁜 빈티지 접시, 햇살 좋은 날 창가에 널어놓은 몸에 딱 맞아 쓰기 좋은 앞치마…. 원 대표는 자연스러움을 추구하며 디테일과 감각을 살려 실제 파리의 풍경을 고스란히 강릉에서 구현해낸다.

르봉마젤 카페를 방문하면 꼭 먹어야 하는 추천 메뉴는 '프렌치 토스트'이다. 고소한 버터와 달콤한 설탕의 향긋한 풍미가 완벽히 조화를 이뤄 한 번 맛보면 계속 생각이 나는 맛이다. 겉은 바삭하고 속은 촉촉한 르봉마젤만의 프렌치 토스트와 커피를 맛본다면 파리에 여행 온 기분이 절로 날 것이다.

"한 장의 하이라이트가 아닌 일상의 평온함을, 화려한 스포트라이트 주인공보다 무대 뒤의 당신이 더 아름답기를 바라며 이곳을 찾는 분들이 일상의 예술을 찾고, 온전히 누리는 '나의 삶'에 대해 함께 이야기 나누고 싶다"는 원 대표의 바람처럼 프렌치의 명가 강릉 '르봉마젤'에서 우연히 마주한 파리의 낭만과 예술을 충만히 누려보면 좋겠다.

영업시간 : 12:00~18:00 (1, 2F shop 연중무휴 / 3,4F cafe 화,수 휴무)

위치 : 강원 강릉시 임영로180번길 16

인스타그램 : @lebonmasel

강릉 단오제

음력 5월 5일로 우리나라 4대 명절 중 하나로 꼽히는 단오,
강릉단오제는 유네스코 인류무형문화유산이자
천년의 전통을 가진 축제다

사회적사진가 김시동 @localarchivist

사회적사진가 김시동 @localarchivist

사회적사진가 김시동 @localarchivist

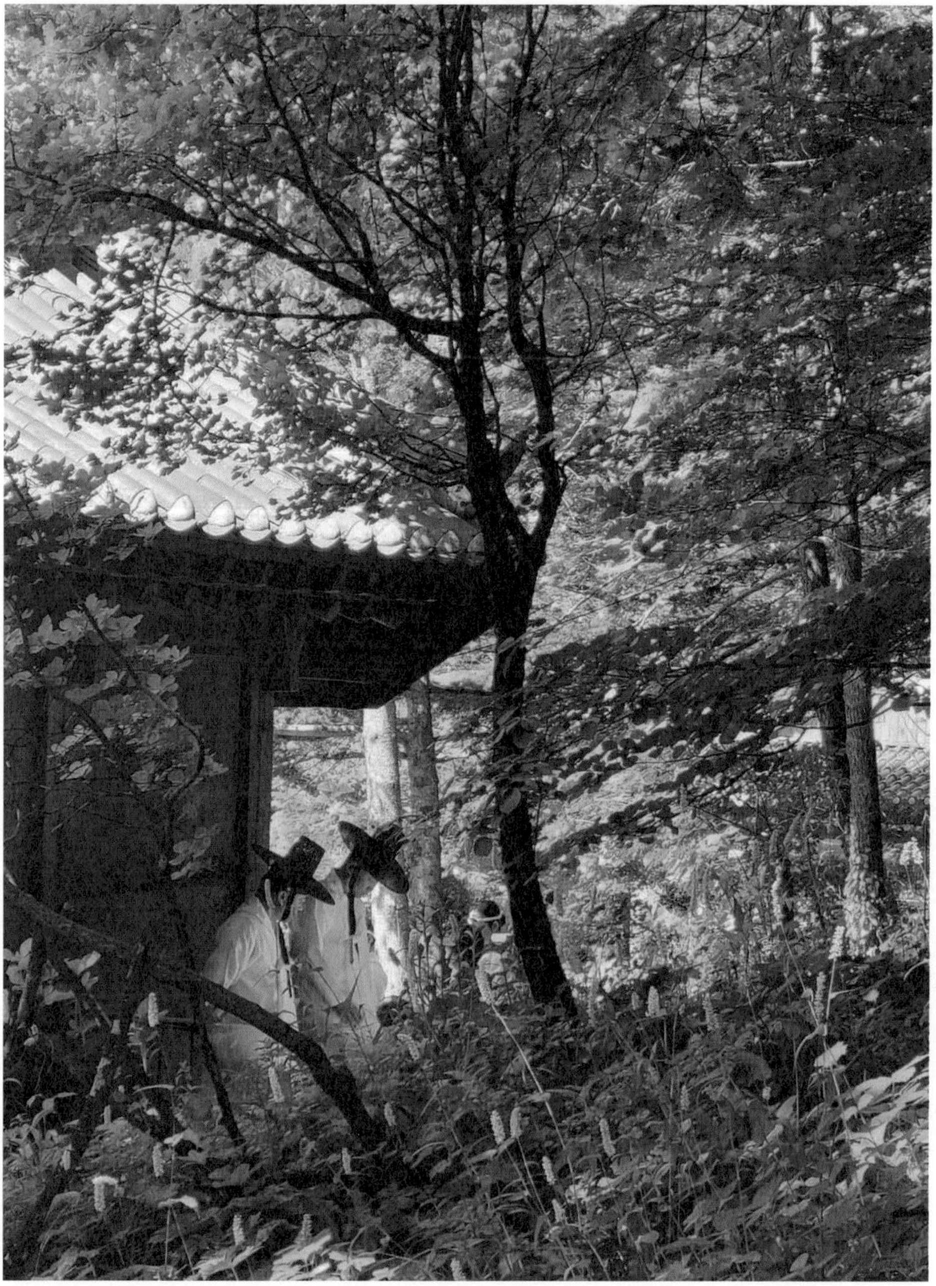

육체는 정신을 따라온다

신을 만나러 대관령 선자령 깊이 들어간다

신의 기운을 받을 수 있는 곳,

사회적사진가 김시동 @localarchivist

사회적사진가 김시동 @localarchivist

사회적사진가 김시동 @localarchivist

액을 막고 복을 기원하는 강릉단오제를 통해

모두가 안전하고 편안한 일상을 누렸으면…

강릉단오제
버드나무브루어리

단오는 음력 오 월 오 일을 일컫는 명절로 예로부터 풍년을 빌며 하루를 즐기는 풍습이 있다. 단오절을 기념하는 행사로는 경남 김해의 돌싸움, 경북 군위의 삼장군제 등이 있었지만, 현재까지 변함없이 이어져 큰 잔치로 발전한 것은 강릉의 단오제뿐이다.

출발부터 강릉의 오래된 탁주 양조장을 재단장해 출범한 '버드나무 브루어리'는 늘 지역 정체성을 기반으로 한 기업 활동을 추구해 왔다. 또한 한국 고유의 맛과 식재료를 세계의 다양한 맥주 스타일과 접목시켜 버드나무만의 특색 있는 스타일을 모색해 왔다.

한국적인 동시에 세계적인 맥주를 만들어 온 버드나무 브루어리는 매년 단오를 맞아 지역 최대의 명절을 기념하기 위한 특별 맥주를 양조한다. 2016년 창포 에일부터 2023년 창포 세종까지, 창포물에 머리를 감는 단오절 풍습에 착안하여 부재료로 창포를 넣은 맥주를 발표해 왔다.

창업 초기부터 일관되게 전통을 현대적으로 발전시키는 프로젝트에 힘써온 버드나무 브루어리. 정성스레 지은 고두밥으로 만든 맥주, 식혜를 현대적으로 재해석한 '검정식혜 에이드', 전통 약과와 맥주 재료인 맥아를 결합한 몰트 시럽 약과 등··· 그들이 선보이는 메뉴만 봐도 브랜드가 갖고 있는 방향성의 진심을 알 수 있다. 이에 대해 버드나무 브루어리는 "전통과 현재의 만남, 로컬과 세계의 만남이 늘 우리를 설레게 하고 우리 열정에 불을 지피는 원동력이 돼 왔다."고 말한다.

전통을 옛 형태 그대로 복각하는 것이 아니라, 현대적 맥락에 맞게 재창조하여 오늘의 일상에서 그 생명을 이어가기를 바란다는 버드나무 브루어리는 올해 단오 스페셜 맥주인 '2023 창포 세종' 역시 이러한 버드나무 브루어리의 철학을 바탕으로 하고 있다.

2023 버드나무 창포세종 Changpo Saison

ABV 5.5%

IBU 15

창포물에 머리를 감는 단오절 풍습에 영감을 얻어 매년 버드나무에서는 창포를 가미한 맥주를 만들고 있다. 2023년에는 벨기에 농주 스타일 '세종'에 창포를 가미했다. 창포의 향과 허브의 풍미, 단맛이 조화로운 가벼운 맥주로 초여름에 잘 어울린다. 2022년에 양조한 창포 세종이 청량한 과실향에 중점을 두었다면, 올해는 허브의 풍미를 선명히 하고 효모의 느낌을 살렸다.

글·사진 : 버드나무브루어리 제공

영업시간 : 월~일 12:00~22:00 (16:00 – 17:00 브레이크타임)
위치 : 강원 강릉시 경강로 196
인스타그램 : @budnamu_brewery

홀로가 아닌 함께하는 소리,
보내는 소리에서 맞이하는 소리로

글. 〈제35회 횡성회다지소리축제 결과보고서, 우리들문제연구소 엮음〉 발췌

사진. 지니포토

회다지소리는 죽은 이의 무덤을 단단하게 하기 위해
흙에 회(灰:석회)를 섞어서 발로 밟아 다지며 부르던 민족의 노래입니다.
한 사람이 선창하면 여러 사람이 이어 부르는 선후창 형식으로,
소리를 통해 상주(喪主)의 슬픔을 달래주는 한편,
묘를 만드는 이들에게는 흥을 돋우게 하며
남은 자들에게는 새로운 삶의 메시지를 전달합니다.

횡성 사람들은 죽음의 두려움을 삶의 미학으로 끌어당겼습니다.
강물이 흘러 흘러 굽이쳐 재 왔던 곳으로 돌아가듯이 죽음은 끝이 아니라
새로운 생명의 세계, 천상의 영원 세계로 돌아가는 통과의례로 받아들였습니다.

그러나 꽃은 피고 지고 다시 피건만, 다시 돌아올 길 없는 먼 길.
영원히 살고픈 마음은 마침내 허물 넘어선 죽음의 해학,
슬픔은 상여소리로 풀어졌으며
흐르는 눈물은 풍류 소리로 넘쳐 흘러나옵니다.
북을 치고 춤을 추면서 죽은 이를 보냈던 옛 고구려인들이 그랬듯이
죽음은 슬픔이 아닌 교훈적 유언으로 회다지소리에 잦아듭니다.

의식의 절차 마지막에 부르는 회다지소리는
다시 새로운 생명의 탄생을 노래하여 죽음이 끝이 아닌 새로운 삶,
즉, 삶과 죽음의 연결고리를 알려주는 공동체의 노래입니다.
그곳에는 한 사람의 인생이 있고
가족과 이웃, 벗이 있으며 공동체가 있습니다.

01. 준비의 소리

소리가 향하는 곳으로 우리의 마음은 향했다
실험과 도전의 한걸음 : 기획 의도와 방향

처음 만나는 사람들이 커다란 축제를 만들기 위해 속도와 힘을 맞춰 '한 발'을 내딛는 것이 가능할까, 또 어떻게 하면 서로 한 팀처럼 손발을 맞추어 갈 수 있을까, 준비하는 내내 걱정이 많았다. 그리고 지난 34년간 횡성의 회다지소리를 알리고 그 원형을 보존하기 위해 진행되었던 회다지문화제의 명맥을 잇고, 회다지소리의 의미를 현대적으로 해석하고 그 소리가 가진 가치를 공유히기 위한 고민이 시작되었다.

1991년 KBS에서 방영된 '산촌시가' 다큐를 보면, 정금마을 사람들은 아이를 달래고 재울 때, 논밭을 일구며 고된 노동이 시작될 때 어김없이 소리를 낸다. 이것은 소리로 리듬을 타고 흥을 돋우어 강도 높은 일의 무게를 낮추고, 서로서로 응원하는 마음을 쌓아가는 삶의 지혜가 담긴 '공동체의 외침'처럼 보였다.

이 영상을 보고 나서 삶의 구간 곳곳에 심겨진 소리와 노래들이 이어지고 확장되어 결국엔 누군가를 떠나보낼 때 부르는 '회다지소리'로 연결되었을 것이라는 생각에 머무르게 되었다. 그리고 '소리'는 우리의 마음이 향하는 곳으로 흐르는 하나의 매개체라는 생각으로 자연스럽게 연결되었고, 들리는 소리뿐만 아니라 보이는 소리에도 주목하게 되었다. 그래서 손의 소리를 가진 농아인 분들과 보이는 소리를 한지 꽃 작품으로 구현하였고, '삶의 소리, 우리의 노래'라는 축제의 슬로건을 수어 벽화로 만들어, 축제장에 오는 '손 예술가' 농아인 분들을 환대해 보기도 했다.

무엇보다 축제의 핵심인 공연 팀을 섭외할 때에는 '이름 있는 가수'를 부르는 것보다, 공동체의 가치를 이해하고 '함께 소리를 내는 공동체' 같은 팀 위주로 섭외하려 했고, 그래서 관객이 지켜보고 구경하는 축제이기보다는 관객과 공연자가 하나가 되어 함께 즐기는 축제를 만들고자 했다.

축제 현장을 함께 운영하는 팀을 꾸릴 때에도 회다지소리의 의미와 공동체의 가치를 이해할 수 있는 여러 지역의 능력자들 한 명 한 명을 섭외하였고, '십이달호들'이라는 별도의 이름을 만들

어, 축제 기간 동안 우리도 하나의 공동체이고, 우리 스스로 '횡성 사람'이라 생각하며 함께 축제를 만들고자 했다. 전국 각지에서 왔던 스텝들은 언제나 따뜻하고 반갑게 대해주신 횡성 분들 덕에 축제가 끝난 후, 횡성에 대한 새롭고 좋은 이미지를 생겼다고 말해주었고 다시 기회가 된다면, 함께하고 싶다고 마음을 전해 왔다.

지난 1월부터 시간이 날 때마다 정금마을의 회다지보존회 사무실에 찾아가, 푹신한 소파에 앉아 보존회 어르신들에게 듣는 옛 기억들, 보존회의 추억, 다양한 예술적인 경험들 덕에 회다지소리에 담긴 조상님들의 삶의 지혜와 공동체 정신을 조금이나마 체험해 볼 수 있었다. 그리고 한우뿐만 아니라 '함께 소리를 내고 세상의 소리를 모으는 예술의 고장'으로 다시 태어날 '예술 부자 횡성'의 가능성을 알게 된 시간이었다.

더 많은 사람들이 이곳에서 함께 꿈을 꾸고 자신의 소리를 낼 수 있길 바라는 마음으로, 우리의 시간들을 되새기며 '축제의 소리, 우리의 노래'를 기록하고 담아 본다.

두드리고, 만나고, 나누었다
여러 번의 기획회의와 예고편 영상, 전국축제박람회 횡성부스,
공동체아카데미를 통한 축제 준비 과정

축제를 예고하는 홍보 영상은 '힙(HIP)하고, 핫(HOT)하게'라는 콘셉트에 맞춰 젊은 감성과 요즘 유행하는 트랜디한 느낌의 영상을 제작하는 부산의 〈순금미디어〉를 섭외하여 제작하였다. 회다지보존회 어른들을 상으로 돋보이게 하기 위한 시도를 영상을 통해 보여줬다. 부산 BEXCO에서 열린 '전국축제박람회'에서 횡성 부스로 참가해 부산 한복판에서 횡성을 알리고 '회다지소리축제'를 외쳤다.

두 차례에 걸친 '공동체 아카데미'에서는 첫 번째로, '손 예술가와 한지 꽃 작품 만들기'를 진행했다. 손의 소리를 가진 횡성농아인협회 농아인 분들과 수어 통역사 분들이 '손 예술가'가 되어 조은선 한지 작가와 함께 한지로 꽃을 피워냈다. 두 번째로는 '흙 예술가와 공동체 작품 만들기'를 진행했다. 도예가 출신의 예술가가 흙에 EM 성분과 자연스러운 색감을 더한 친환경적인 예술 도구를 만들었고, 혼자서 하는 작업이 아닌 공동 작업으로 작품을 만들어 마을 사람들이 축제 전에 새로운 예술 활동을 경험할 수 있었다.

02. 환대의 소리

축제에서 관람객들에게 '환대의 소리, 환영의 소리'를 전달하기 위한 콘텐츠로는 횡성회다지소리전승보존회의 '인형극과 어러리타령', '대도둠놀이와 회다지소리 원형공개'가 준비되었다.

'손의 소리, 수어 벽화 아트' 테마로는 '손 예술가' 횡성농아인협회의 농아인 분들을 환대하기 위해, 소리체험관의 비어 있는 벽면을 활용해 수어로 '삶의 소리, 우리의 노래'라는 축제의 슬로건을 벽화로 표현했다.

또한 축제의 화사한 분위기를 살리기 위해, 무겁게 느껴지는 상여를 다양한 색감의 한지 꽃으로 수놓았고, 축제장을 오가는 사람들이 사진을 찍고, 추억을 공유하길 바라는 마음으로 비어 있는 벽면을 커다란 한지 꽃으로 채웠다. 소리체험관의 비어 있는 땅에 회다지소리 원형공개 때 사용하는 다섯 색깔 만장과 비슷한 느낌으로, 파스텔 톤의 색감으로 소리를 시각화하여 '정금 소리길'을 선보였다.

환대의 준비를 하며 도쿄 오모리 아트 빌리지와 '예술 사촌 맺기'를, 터득골 북샵과 '소리 사촌 맺기'를 하기도 했다.

03. 축제의 소리

1일차의 소리

　1일차는 '맞이하는 소리'라는 주제로 인형극 '할아버지와 회다지 이야기' 공연과 횡성회다지소리와 유네스코무형유산 포럼, 제1회 정금민속놀이 올림픽 대회 1차, 태기제례와 풍물놀이, 대도둠놀이와 어러리타령, 한소리전통예술단의 퓨전국악 공연 등이 진행되었다.

2일차의 소리

　2일차는 '함께하는 소리'라는 주제로 횡성국악협회 지역예술단체 공연, 제1회 정금민속놀이 올림픽 대회 2차, 인형극 '할아버지와 회다지 이야기' 공연과 횡성회다지소리문화체험, 횡성회다지소리 원형공개행사, 개회사와 축사가 진행되었다. 또한 저녁에는 '회다지 음악회'를 열어 큰들의 마당극 효자전과 대구 북성로 훌라의 '아나케스트 인 북성로', 뽈레뽈레 빈상여 놀음과 브라질리언 타악 등의 다채로운 공연을 선보였다.

3일차의 소리

　축제의 마지막 날인 3일차는 '보내는 소리'라는 주제로 '노래가 야금야금' 버스킹 공연과 중요 무형문화재 강릉농악 공연, 제1회 정금민속놀이 올림픽 대회 3차, 앙상블 '현'과 달려운, the문화로움, 국악아카펠라 '토리스', 한마당놀이 등의 폐막공연을 선보였다.

삶의 마지막에 듣는 '소리'라는 것

글 / 권진아
사진 / 안형우, 권진아

지난 4월 마지막 주 토요일인 29일, 원주에는 비가 꽤 많이 왔다. 그 비를 뚫고 우리 가족은 횡성으로 향했다. 작년에 우연히 보게 된 횡성 회다지소리가 인상 깊었는데, 그와 관련된 축제가 3일간 열린다는 소식을 접했기 때문이다.

'어허넘차 달호야, 삶의 소리 우리의 노래'라는 제목으로 진행된 횡성회다지소리축제는 올해로 35회를 맞는 축제다. 비가 와서인지 공연이나 체험 프로그램의 시간이 예정보다 늦게 진행되긴 했지만 소소하게 즐길 수 있는 마켓 부스와 전시관, 체험 요소들이 마련돼 있어 심심하지 않게 시간을 보낼 수 있었다.

3일간의 축제를 준비하면서 '회다지소리'에 대해 다양한 방법으로 사람들에게 접근하려는 기획단의 세심한 노력들이 구석구석 눈에 띄었다. 횡성회다지소리체험관에서 선보인 전시는 오랜 전통 문화의 깊이에 대해 다시금 생각해보게 하는 자리였다. 다양한 악기가 구비돼 있어 아이는 연일 악기를 연주해보며 시간 가는 줄 몰랐지만 나는 전시를 보며 아직 오지 않은, 그러나 누구나 맞이할 삶의 마지막에 대해 생각해보며 가슴 한편이 먹먹해졌다.

횡성회다지소리전승보존회에서 선보인 인형극 '할아버지와 회다지소리 이야기'도 인상 깊었는데 서툴지만 할머니 네 분의 열정이 가득한 인형극이라 더 뜻 깊은 의미가 있었다. 아이에게 우리의 전통문화를 인형극을 통해 보다 알기 쉽게 전달할 수 있어 좋은 매개가 되기도 했다.

우리의 신체기관 중 삶의 마지막까지 기능하는 게 '귀'이다. 태아와 부모가 가장 먼저 소통하는 것도 '소리'다. 회다지소리는 삶의 마지막에 듣는 '소리'이다. 공동체성을 기본으로 한 소리라는 게 삭막해진 사회에 계승되어야 할 문화의 한 부분을 보여주었다. 삶의 마지막에 우리는 어떤 소리를 나누게 될까? 한번쯤 곱씹어보게 되는 축제의 자리였다.

오	늘	은	'횡	성	회	다	지	소	리
축	제	'에	갔	다	왔	다	인	형	극
을	봤	는	데	재	미	있	었	다	다
음	에	또	가	고	싶	다~	(안	지	빈)

PENPIA

바다로 출근, 숲으로 퇴근
강원도 노마드워크 실험기

900KM 이혜민, 정현우

'세상이 말하는 정답 말고 나다운 삶의 레퍼런스'라는 슬로건으로 나답게 살아가는 요즘것들의 인터뷰 채널 '요즘사(@yozmsa)'를 운영하고 있는 900KM의 이혜민, 정현우 부부는 2021년 여름, '노마드워크 프로젝트 시즌 1'으로 강원도의 여러 도시들을 순회하며 워크 앤 라이프 블렌딩을 실험해봤다. 노마드워크를 시작하기 전, 기획자인 아내와 디자이너인 남편의 역량으로 '노마드워크 프로젝트'를 알리는 홈페이지를 만들었고, '노마드워커스 클럽'을 개설해 이들의 여정에 도움을 주는 후원자들을 클럽 멤버로 명명했다. 한 달 동안 강원도에서 워크 앤 라이프 블렌딩을 실험하는 건 이들 부부이지만, 함께 돕는 이들이 있었기에 가능한 여정이었다. 또한 이들은 900KM라는 브랜드 명에서 알 수 있듯 결혼식 대신 산티아고 순례 길을 버진로드 삼아 걸어본 여행자였다. 낯선 길 위에서 함께 걷는 것으로 부부의 연을 맺은 이들에게 어쩌면 '노마드워크 프로젝트 시즌 1 강원 편'은 두 번째 길을 걷는 여정이었을지 모르겠다. 자칫 무모해 보일 수 있는 백지 상태의 실험은 이들에게 어떤 경험을 주었을까? 또한 경기도민으로서 강원도를 택해 한 달 동안 떠난 여름날의 여정에서 그들은 강원도의 무엇을 보고 어떤 감정을 느꼈을까? 그때의 이야기를 줌(zoom)으로 만나 자세히 들어보았다.

2021년 7월부터 8월까지, 노마드워크 프로젝트 시즌1으로 강원도를 왔었는데, 어떤 도시들을 다녔나요?

혜민 양양, 강릉, 동해, 속초, 평창, 영월, 춘천, 원주. 강원도의 8개 도시를 7월 중순부터 8월 중순까지 한 달 동안 이동했는데요. 이를 두고 저희는 '실험'이라고 불렀고 '노마드워크 시즌 1'으로 처음 'Work & Life Blending'을 실험해본 여정이었죠.

'Work & Life Blending'이라 이름 붙이면서 이 실험을 하게 된 이유는 무엇인가요?

혜민 요즘사 채널을 운영하면서 다양한 방식으로 먹고살며 일하는 사람들을 만났어요. 그 경험을 통해 우리도 우리가 원하는 삶의 모습에 대해 다시 생각하게 됐죠. 저랑 현우 씨는 어떤 일을 하든 시간과 장소에 구애받지 않고 자유롭게 일하는 걸 꿈꿔왔는데 콘텐츠 만드는 일을 하다 보니 여행을 떠나지 못하고 있었거든요. 저희 부부는 그동안 2트랙으로 일하고 있었는데 그때 마침 현우 씨가 퇴사했고 서울에만 있을 필요는 없으니 일의 형태를 조금 더 자유롭게 바꿔보자는 생각이 자연스레 들었어요. 할 수 있는 걸 해보자는 생각으로 계획을 짰고 코로나가 심각한 상태라 해외엔 가지 못하니 강원도를 선택하게 됐죠.

강원도의 여러 도시를 다녀보니 노마드워크 하기에 적합했던 곳은 어디고, 이유는 무엇인가요?

현우 개인적으로 바다를 좋아해서인지 강릉과 동해가 기억에 남아요. 특히 동해는 관광객도 많이 없고 조용한 편이어서인지 업무에 집중이 잘된 곳이었어요. 대형마트나 배달시켜 먹을 수 있는 곳들도 잘되어 있었고요.

혜민 동해는 다른 해안도시에 비해 관광지 느낌이 덜한데 편의시설은 잘되어 있어서 장기로 머물기에 괜찮다 생각했어요. 강릉은 일주일 정도 머물기에 괜찮았는데요. 코워킹 스페이스가 강릉밖에 없었고 강릉으로 이주해 자신의 브랜드를 만든 사람들이 꽤 있어서 그들과 교류가 가능했고 네트워킹 하기에 적합했어요. 평창도 여름에 가니 고도가 높아서 시원하고 습도가 적어 쾌적했어요. 나 혼자 집중해서 일하기엔 평창도 좋다고 느꼈어요.

여러 도시를 다닌 일정이라 에피소드도 많았을 거 같아요. 인상 깊었던 에피소드는 무엇인가요?

혜민 한 달 내내 계속 일이 벌어졌던 거 같아요.(웃음) 아무래도 저희 둘만 다니는 거로 시작한 게 아니라 노마드워커스클럽 홈페이지를 만들어서 사람들이 함께 동참할 수 있게 시작했더니 그분들을 통해 이벤트들이 절로 생겼어요. 숙소 제공해준 분들 덕분에 다양한 숙소에서 머무를 수 있었고, 책방에서 북토크를 하기도 했고요.

nomadwork-project

힘들거나 아쉬웠던 점은 뭐예요?

혜민 막상 다녀보니 짧은 기간에 많은 곳을 다닌 거 같았어요. 강원도 내에서도 다른 도시로 이동하는 시간이 오래 걸렸고 동선을 짜는데 어려움도 있었죠. 일할 수 있는 쾌적한 환경은 사실 적은 편이라 그 안에서 집중하기가 쉽진 않았어요. 그래도 시행착오를 겪으며 한 곳에 집중해서 한 달 동안 머물러보자는 우리만의 스타일을 알게 되었어요. 우리에게 맞는 노마드워크 방식을 찾은 거죠. 그 다음해엔 제주도와 치앙마이로 노마드워크를 다녀왔는데 강원도에서의 경험을 기반으로 계획을 짰어요.

현우 지금 간다면 오히려 그때보다 좋을 거 같기도 해요. 일할 수 있는 환경이 마련된 거 같거든요.

강원도에서 만난 사람들과 공간에 대한 이미지는 어떠했나요? 타지에 사는 사람들로서 강원도의 매력은 뭐라고 생각하는지도 얘기해주세요.

혜민 저희가 인터뷰 채널을 운영하다 보니 여러 사람들을 만나 인터뷰도 하고 북토크도 했었는데요. 저마다 자기가 살고 있는 곳에 대한 애정과 프라이드가 있었어요. 때문에 저희도 로컬의 삶에 대해서도 생각해보게 됐고요. 이전에는 서울을 벗어나 지방에 사는 것에 대해 크게 생각해보지 않았는데 로컬콘텐츠로 비즈니스 하는 분들, 지역에서 상점을 운영하는 분들 등 정착해서 사는 이야기를 들으며 현실적으로 우리도 가능할 수 있겠다는 생각을 하게 됐어요.

현우 강원도의 매력은 단연 자연이죠. 서울과 접근성도 좋은 지역이고요. 바다와 산이 다 있으니 로컬에서의 삶을 생각한다면 가능성이 높은 도시라는 생각이 들어요. 5도 2촌을 실현하기에도 너무 멀면 현실적으로 어려울 거 같은데 강원도는 가능할 거 같고요.

만약 진짜로 강원도에 와서 살게 된다면 해보고 싶은 일 있어요?

혜민 저희가 원하는 주거 형태가 사실 도시에서는 이루기가 어려운 부분이 있어요. 저는 주거 공간과 작업실이 같이 있는 곳을 마련하고 싶고, 창밖에 나무와 자연이 가까이 있는 숲세권에서 살고 싶은 로망이 있거든요. 그런 방법을 이룰 수 있는 방법으로 지역살이를 생각해보게 돼요. 일할 수 있는 나이까지는 수도권과 서울을 왔다 갔다 해야 할 거 같지만요. 강원도가 비교적 현실성이 있어서 염두에 두고 있고요. 이곳에서 살게 된다면 우리가 계속 하던 일들, 영상이나 책 콘텐츠를 만드는 일을 계속 이어가지 않을까 싶어요.

현우 임대료가 수도권에 비해 싸니까 오프라인 커뮤니티나 오프라인 쪽 사업을 해보고 싶은 생각이 있어요. 아직 발견되지 않은 지역에서 시작해서 우리가 거리를 힙하게 만들면 어떨까? 하는 생각도 해보죠. 주변에도 서울에 살고 있지만 지역 살이에 관심이 있거나 꿈꾸는 사람들도 꽤 있어요. 한 명이 먼저 가서 가능성을 보이면 이곳으로 모이지 않을까요?

강원도에서 먹었던 음식 중 기억에 남는 음식은 무엇인가요? 강원도 하면 떠오르는 맛이랄까요?

현우 막국수요. 막국수 스타일이 강원도 안에서도 지역마다 달라서 신선한 충격이었어요.(웃음) 춘천의 막국수, 영월, 평창의 막국수가 다 달랐는데요. 키우는 작물에 따라서 막국수 스타일이 달라지는 느낌을 받았어요.

혜민 강원도 현지의 다양한 막국수를 먹고 나서 서울에서는 막국수 먹을 때 입맛이 높아졌어요. 그 외에도 평창에서 먹은 메밀전과 원주 시장에서 먹은 김치만두도 계속 생각나는 맛이었어요.

900KM의 요즘 근황과 앞으로의 계획은 무엇인가요?

혜민 세 명의 크루들이 더 생겨서 다섯 명의 멤버가 함께 활동하고 있는데요. 요즘사는 미디
어이자 커뮤니티로 확장하려고 준비 중이고, 5월에는 원티드의 지원을 받아 베를린으로 영감
여정을 가게 됐어요. 그곳에서 요즘사가 추구하는 다양한 삶의 방식을 수집해올 생각이에요.
이후 여정으로 저희는 유럽 남부에서 시간을 보내고 5월 말까지 있다 올 예정인데요. 그곳에
서의 노마드워크를 요즘사 채널에서 볼 수 있을 거예요.

속초에서 기록한 봄의 한 페이지

글, 사진 : 우혜빈

충북 충주에서 작은 글책방 '빈칸'을 이제 막 시작한 초보 사장.
평범한 사람들이 가진 특별한 이야기의 힘을 믿는다.
사람들의 이야기들을 모아 소셜섹터 매거진 〈소소함〉,
충주 청년 인터뷰집 〈마실〉을 발간한 경험이 있다.

'계절을 탄다'는 말이 있다. 봄이 되면 살랑대는 봄바람에 마음도 일렁이고, 가을엔 떨어지는 낙엽을 보며 외로움을 타는 사람들이 있는 것처럼 나는 겨울만 되면 마음이 심란해지곤 한다. 특히 연도가 바뀔 때는 그 증세가 더 심해지는데, 주로 어딘가로 훌쩍 떠나서 혼자만의 시간을 가지고 싶어 하는 마음으로 나타난다. 작년 겨울에도 어김없이 나는 겨울을 탔고, 어디로든 혼자 여행이라도 가야겠다는 생각을 했지만 야속하게도 일정이 맞지 않아 계속 떠나지 못하고 있었다. 그러다 늦겨울에서 초봄으로 넘어가는 3월이 되어서야 드디어 여행을 떠날 수 있었다.

계획형에 가까운 나는, 여행을 갈 때도 분 단위별로 계획표를 짜진 않더라도 가고 싶은 장소들을 머릿속으로 미리 정해놓곤 한다. 특히, 작은 책방을 하겠다고 결심한 뒤로는 어딜 갈 때마다 지도 어플을 켜서 주변에 책방이 있는지 없는지부터 확인하는 버릇도 생겼다. 가고 싶은 장소들을 찾는데 무엇보다도 바다는 목록에 꼭 넣고 싶었다. 산으로 둘러싸여 있는 분지에 살다 보니 어느새부턴가 바다를 그리워하는 것이 일이 되어버렸다. '아, 요새 바다 안 본 지 꽤 됐네.' 하면서 꼭 해야 하는 일처럼 주기적으로 바다를 떠올리곤 한다. 충주에서 너무 멀지 않고, 적당히 한적하고, 가고 싶은 책방들도 있고, 바다가 있는 곳. 꽤나 까다로운 조건을 가지고 여행지를 물색하던 중 '속초'라는 도시가 눈에 들어왔다.

사실 속초라는 도시가 낯설지는 않았다. 우리 가족은 여름방학 철이 되면 속초에 있는 콘도나 리조트를 예약해 휴가를 갔었고, 그때마다 뙤약볕으로 뜨거워진 모래사장을 밟으며 시원한 바다에 들어가서 놀았던 기억이 어렴풋이 난다. 속초(束草)라는 이름은 '풀 묶음'이라는 뜻이지만, 어린 시절의 기억 때문인지 나에게 속초는 바다이자 여름으로 읽히는 도시였다. 그런 곳을 정반대의 계절인 겨울에 가면 어떤 느낌일지, 또 어떤 추억들을 쌓을 수 있을지 궁금하기도, 기대가 되기도 했다.

그렇게 배낭 하나 메고 속초로 향했다. 숙소 근처에 '영랑호'라는 예쁜 호수가 있다고 해서 체크인을 하고 바로 나와 야심차게 길을 나섰다. '맞은편에서 불어오는 바람이 그다지 차지 않은 걸 보면 봄이 오고 있긴 한가 보다'라는 생각이 문득 들 때쯤 공원 산책길처럼 보이는 곳이 나왔다. '이쪽으로 가는 게 맞는 건가.' 싶었지만, 대부분의 사람들이 같은 쪽을 향해 걷고 있는 걸 보니 '나도 잘 가고 있는 거구나.' 하고 안심할 수 있었다. 어느새 다다른 길 끝에는 커다란 호수 한가운데에 긴 다리가 놓여 있는 영랑호수윗길이 있었다. 다리 위를 천천히 걸으며 찰랑거리는 호수 표면으로 생긴 예쁜 윤슬을 보기도 하고, 호수 가장자리를 따라 있는 산책길을 걸을 땐 군데군데 있는 갈대밭과 그 사이를 지나다니는 귀여운 오리들을 보면서 혼자만의 행복한 시간을 보냈다. 참 아이러니한 게, 혼자만의 시간을 그렇게 원했으면서도 이렇게 아름다운 풍경들을 볼 때면 꼭 누군가와 나누고 싶어진다. 그러면서 결국, 다음에는 혼자가 아닌 누군가와 같이 와야겠다는 다짐을 하기도 한다.

호수 산책길을 천천히 걷다 보니 길은 바다로 이어졌다. 호수와 바다를 한 번에 즐길 수 있다니. 속초가 조금은 부러워지는 순간이었다. 길 하나만 건넜을 뿐인데 풍경과 분위기가 한 번에 달라졌다. 해변 앞에는 횟집과 카페가 쭉 늘어서 있고, 불어오는 바닷바람에는 짠 내음이 느껴졌다. 철썩거리는 파도소리를 들으니 낯선 곳으로 여행을 왔다는 것이 실감이 났다. 좋아하는 음악을 들으며 해변가를 계속 걸었고, 결국 그날 난 2만 보를 넘게 걸었다. 숙소로 돌아오자마자 씻고 쓰러지다시피 잠에 들었다.

속초에서의 둘째 날은 책방투어를 했다. 숙소 바로 근처에 있었던 〈완벽한 날들〉로 시작해 〈문우당서림〉, 〈동아서점〉, 〈동그란 책〉이라는 책방을 둘러보았다. 책방지기의 취향과 시선이 온전히 담긴 책들과 공간들을 보고 있자니, '내가 만들어가는 책방은 어떤 곳이 될까.' 싶어 두근거리기도 하고 동시에 잘할 수 있을지 걱정이 밀려오기도 했다. 〈문우당서림〉이나 〈동아서점〉처럼 오랜 시간을 지나온 곳은 특히나 손님들의 발자취와 세월의 흔적들이 공간 곳곳에 묻어있는 것에 감탄하며 나도 얼른 이런 책방으로 만들고 싶어 부러움이 일기도 했다.

특히 〈문우당서림〉은 기억에도 마음에도 많이 남는 서점이었다. 서울이나 수도권 같이 대도시가 아닌 지방 도시에 이렇게 규모가 있는 오래된 지역서점이 있다는 것에 놀랐는데, 더 놀라웠던 건 손님들을 위한 세심한 배려가 공간에 한껏 담겨있다는 점이었다. 책을 찾기 쉽게 분야별로 책이 나뉘어져 있는 것은 물론, 몇 가지 주제어를 정해 그와 관련된 책들이 소개되어 있는 구획도 있고, 천장과 벽 쪽에는 시력이 좋지 않은 사람들을 위한 돋보기안경 대여 등 서점을 편안하게 즐길 수 있는 방법에 대해서도 친절하게 적혀있었다. 그리고 무엇보다도 '서림인'이라는 이름으로 근무하고 계시는 직원 분들이 너무나도 따뜻한 곳이었다. 서점 2층에서 이런저런 책들을 구경하고 있는데, 직원 한 분이 내게 다가오시더니 "이제 봄이 올 것 같죠?"라고 웃으면서 말을 걸어주셨다. 계절이 바뀌는 때에 으레 나눌 수 있는 말이었는데, 그 대화를 마치고 돌아서는데 갑자기 눈물이 핑- 돌았다.

대학 때부터 지금까지 내가 하고 싶은 일, 좋아하는 일을 찾느라 많은 시간을 써 왔었다. 그동안 남들은 자기에게 주어진 길을 잘 찾고, 또 빠르게 지름길로 잘 가고 있는 것만 같은데 나는 이 길 저 길 헤매면서 빙빙 먼 길을 돌아가는 것 같아 '이게 맞는 건가.'라는 생각에 심적으로 힘든 때가 있었다. 이제 '책방'이라는 길을 겨우 찾고, 새로운 시작을 앞둔 내 인생에도 '완벽하지는 않아도 완전한 봄이 오고 있구나.'라는 생각이 들어 눈물이 났던 것 같다. 책을 구매하고 나서도 그 감동은 이어졌다. 문구가 적힌 책갈피들을 하나씩 고를 수 있는데, 나를 위한 선물이라고 생각하고 하나 고르라고 말씀해주셨다. 〈문우당서림〉은 마지막까지 나에게 따뜻함을 한아름 안겨준, 여운이 짙게 남는 서점이었다.

여행에서 가장 기억에 남는 것을 고르라면, 난 항상 '사람'을 골랐었다. '우와'라는 소리가 절로 나올 정도로 아름다운 자연 풍경도 좋고, 눈이 동그래질 정도로 맛있는 음식을 먹는 것도 좋지만, 여행 끝에 그리고 몇 년이 지나고 나서도 튀어나보게 되는 추억들에 항상 그곳에서 만났던 좋은 사람들이 있었다. 난생 처음 보는 낯선 사람에게도 봄처럼 따뜻한 인사와 미소를 건네는 사람들이 있는 곳. 뜨거운 여름의 한 페이지로 읽혔던 속초는 이제 나에게 기분 좋게 적당한 따뜻함이 머무르는 봄의 한 페이지가 되었다.

감각, 感覺 and 각各角 GAK

오감

평창에서 만난 댑싸리

글, 사진 권진아
'기록하는 제이엔'이라고도 소개한다.
'로컬.Local / 일.Work / 여성.Woman'을 주요 테마로 하는
콘텐츠 회사 '생각의뜰채'와 쓰는 감각을 돕는 큐레이션 편집숍
'Dayspring'을 운영하고 있다.
인스타그램 @writerjn

2021년 7월, 유난히 무더위가 심했던 여름날이었다. 나는 30대 후반의 나이에 열심히 앞만
보고 달리다 강제 멈춤을 하고, 흰 달 긴의 홀로서기를 시작했나. 갑상선암 선설체술을 하고 한
달 정도 목을 아끼라는 주치의의 말에 따라 퇴원해 집에 온 다음날부터 평창군 지동리 산 속에 있
는 '하우스못골'로 혼자 3주 살이에 들어간 것이다. 그곳은 도보로 갈 수 있는 거리엔 작은 슈퍼
마켓 하나도 없는, '별천지마을'이라는 이름답게 별이 많고 하늘 아래 첫 동네인 곳에 있는, 200
년이 넘은 흙집의 독채였다.

새가 지저귀는 소리에 눈을 뜨고 배가 고프면 오롯이 나를 위해 밥을 지어먹고 산책을 하며 꽃 냄새와 나무, 바람을 느끼며 나는 자연인이 된 것 같았다. 하우스못골은 그야말로 홀로 살이에 제격인 곳이었다. 물론 그곳에서 맞는 칠흑 같은 어둔 밤이 하루도 무섭지 않았던 건 아니다. 어느 날은 집에 있는 아들과 남편이 보고 싶어 가족들 생각에 혼자 소리 내 엉엉 울기도 많이 울었다. 아파트였으면 민원 들어올까 봐 소리 내 마음껏 울지도 못했을 텐데 그곳이었기에 가능했다. 그렇게 한바탕 울고 나면 배가 고팠고, 가족과 친구들이 보내준 밑반찬과 밀키트를 골라 나를 위해 예쁘게 차려먹으며 소꿉놀이 하는 재미에 빠지기도 했다.

주말이면 신랑과 아들이 나를 보러 와 주었고 평일에도 몇몇 친구들이 그 먼 곳까지 와주기도 해서 3주간의 시간이 생각보다 빨리 지나갔다. 그러는 동안 나는 자연과 계절을 흠뻑 누리며 나에 대해 곱씹어보는 시간을 가졌는데, 그곳에서 새롭게 알게 된 것 중 하나가 '댑싸리'의 재발견이다. 하우스못골 문 앞 작은 마당에는 연초록의 둥글고 푸른 풀잎들이 옹기종기 모여 있었는데, 처음에는 이게 무슨 나무인가? 하는 생각에 못골 선생님들께 여쭤봤다. 그랬더니 나무가 아니라 '댑싸리'라고 하시며 댑싸리에 대해 이야기를 해주셨다.

1년초인 댑싸리는 겨울 즈음이 되면 갈색 빛을 띠며 마르는데 그걸 모아 우리가 아는 싸리 빗자루를 만들어 사용하기도 한다. 실제 하우스못골의 댑싸리들도 씨앗을 심은 게 아니라 이웃에게 받은 빗자루로 마당을 쓸다 씨앗이 자연스레 떨어졌고 그 씨앗들이 다음해 이렇게 풍성하게 자라났다고 한다. 그래서 마당 군데군데 댑싸리가 피어난 것이라고. 댑싸리의 놀라운 생명력에 감탄할 수밖에 없었다.

댑싸리의 또 다른 특징은 줄기가 뿌리로부터 잘 분기해 직립해서 자라는데 거기에 잔잎이 촘촘히 달려 전체가 빽빽이 무성하다는 것이다. 처음엔 크고 무성한 댑싸리가 하나인 줄 알았는데 그게 아니라 각각의 줄기와 잎이 무성하게 달려 있어 하나로 보인 것이다. 한데 모여 있지만 제각각 생명력을 가지고 있는 댑싸리라니…. 댑싸리에 대해 새로운 사실을 알게 된 후로 매일 댑싸리를 관찰하며 사유했다.

댑싸리의 삶이 우리의 삶과도 닮아 있다 생각했다. 언제 어디서 어떤 모습으로 태어날지 아무도 모르지만 자연의 섭리 속에 태어난 우리는 제각각 고유한 모습을 띠면서 또 함께 어우러져 살아가야 한다는 것이, 댑싸리를 통해 발견한 삶의 이치다. 1년을 오롯이 살다 자신의 생을 다하는 댑싸리는 다음해 또 다른 땅에서 새로운 댑싸리가 태어나는 것은 우리에게 보여준다. 민났다 에어지고, 피어났다 시드는 유한한 시간을 사는 우리에게 자연이 일깨워주는 지혜가 충만하다면 팍팍해진 마음에 이해와 사랑이 싹틀 수 있지 않을까.

평창에서 혼자 살이를 하면서 매일 자연의 섭리를 발견하는 동안 시편의 고백이 나의 고백이 되었던 것은 큰 선물이다. "내 영혼아 여호와를 송축하라 여호와 나의 하나님이여 주는 심히 위대하시며 존귀와 권위로 옷 입으셨나이다. 주께서 옷을 입음 같이 빛을 입으시며 하늘을 휘장 같이 치시며 물에 자기 누각의 들보를 얹으시며 구름으로 자기 수레를 삼으시고 바람 날개로 다니시며 바람을 자기 사신으로 삼으시고 불꽃으로 자기 사역자를 삼으시며 땅에 기초를 놓으사 영원히 흔들리지 아니하게 하셨나이다. 옷으로 덮음 같이 주께서 땅을 깊은 바다로 덮으시매 물이 산들 위로 솟아올랐으나 주께서 꾸짖으시니 물은 도망하며 주의 우렛소리로 말미암아 빨리 가며 주께서 그들을 위하여 정하여 주신 곳으로 흘러갔고 산은 오르고 골짜기는 내려갔나이다. 주께서 물의 경계를 정하여 넘치지 못하게 하시며 다시 돌아와 땅을 덮지 못하게 하셨나이다. 여호와께서 샘을 골짜기에서 솟아나게 하시고 산 사이에 흐르게 하사 각종 들짐승에게 마시게 하시니 들나귀들도 해갈하며 공중의 새들도 그 가에서 깃들이며 나뭇가지 사이에서 지저귀는도다. 그가 그의 누각에서부터 산에 물을 부어 주시니 주께서 하시는 일의 결실이 땅을 만족시켜 주는도다. 그가 가축을 위한 풀과 사람을 위한 채소를 자라게 하시며 땅에서 먹을 것이 나게 하셔서 사람의 마음을 기쁘게 하는 포도주와 사람의 얼굴을 윤택하게 하는 기름과 사람의 마음을 힘있게 하는 양식을 주셨도다" (시편 104:1-15).

계절이 지나 겨울에 하우스못골에 가족들과 방문했을 때 선생님들께서 바짝 마른 댑싸리를 한 묶음 봉지에 담아주셨다. 그 댑싸리를 집으로 들고 와 혹시나 하는 마음으로 아파트 화단 쪽에 위치한 우리 집 베란다 창틀에 털어보았다. 눈에 보이지 않던 댑싸리의 씨앗은 다음해 연초록 잎을 틔우며 우리를 1년 동안 즐겁게 해주었다. 그리고 또 이듬해인 올해 다른 땅에서 또 다른 댑싸리들이 모습을 드러내고 있다. 오롯이 자기 몫을 다하는 본연의 성실함이 나에게 주는 교훈은 생각보다 크다. 작은 댑싸리 앞에서 내가 한없이 겸손해지는 이유다.

[새로운 감각]은 우리에게 영감과 귀감, 새로운 감각을 줄 수 있는 '예술가의 작업'을 소개하는 코너입니다.

목조형 가구 디자이너 박종선
On Form: 형태와 본질

○ ○ ○

우리나라 1세대 문화기획자인 故강준혁 선생은 박종선 작가를 일컬어 '가구장이, 가구장인 그리고 가구 예술가'라고 평하며 "만일 예술이 인간의 사상이나 감정을 감각되어질 수 있는 재료를 통해 표현해 낸 것이며, 또한 예술가가 그러한 행위를 하는 사람을 일컫는 말이라면 박종선은 분명 가구 예술가이다. 그의 작품들은 한결같이 그를 닮아있다. 그를 닮아 고지식해 보이지만 위트가 숨어있고, 무뚝뚝한듯하지만 재미를 느낄 수 있다. 무엇보다도 끊임없이 아름다움을 추구하는 그의 영혼의 지문이 곳곳에 묻어있는 것이 그의 가구이며 그의 작품이기 때문이다."라고 말했다.

2023년 4월, 13년 만에 개인전을 연 박종선 작가를 전시가 열리는 뉴스프링프로젝트에서 만났다. 전시의 제목은 'On Form: 형태와 본질'. 가구 디자인의 형태를 아름답게 가꾸면서도 어떤 꾸밈 없이 본질만을 추구하는 그의 철학을 엿볼 수 있는 전시였다. '가구장이, 가구장인, 가구 예술가'의 작품을 직접 만지고 앉아보며 충만히 기쁨과 편안함을 누린 뒤 박종선 작가와 인터뷰를 진행했다.

○ ○ ○

— 13년 만에 열리는 개인전, 축하드립니다. 전시 오픈하신 지 2주가 훌쩍 지나고, 어느덧 이번 주가 마지막이네요. 그간 많은 사람들이 다녀간 거로 알아요. 13년 만에 개인전을 열고 2주간 사람들을 마주한 작가님의 소감이 궁금합니다.

13년이 순간처럼 지나간 것 같아요. 이번에 전시 준비하면서 홍보 문구를 뭐로 쓸까 한 것이 13년인데 감당하지 못할 것을 화두로 삼지 않았나 하는 생각이 들어요. 작업은 계속했지만 개인전을 안 했으니까요. 첫날 사람들이 너무 많이 와서 다들 즐거워하는 표정들을 보니까 그동안 가구 전시가 많지 않았구나, 내가 너무 게을렀구나 하는 생각이 들었어요. 제가 사실 이 계통에서 한국의 현대 가구 1세대인데 책임감을 갖고 앞으로 기회를 자주 가져야 되겠다 생각했어요. 또 한편으론 정말 쑥스럽더라고요. 2005년부터 전시를 했는데 나의 결과물이라는 것이 온전히 나를 닮은 것들이잖아요. 그래서 스스로를 들킨다는 생각에 강박이 무너지기도 하고 어디에 있어야 할지 눈을 어디에 둬야 할지 그랬어요.

— 작가님의 전시를 찾는 사람들이 많다는 건 그 부분에 대한 갈급함이 있었다는 증거 아닐까요?

파인아트 그림이나 조각, 미디어아트 등의 국내외 작가들 전시는 워낙 많이 보는 시대잖아요. 그 흐름 자체가 시끄러운 언어를 많이 사용하는 시대라는 건데요. 그쪽 분야에 종사하는 에디터들의 얘기를 들으면서 꼭 제 작업이어서가 아니라 나무로 된 어떤 기능을 전제로 하는 물건들을 우리가 이렇게 와서 경험해볼 수 있는 기회 자체가 관람객들에게 치유적인 요소를 전달한다는 걸 알게 되었고, 제 작업의 정직성에 대한 부분을 다시 한번 견고히 할 수 있었어요.

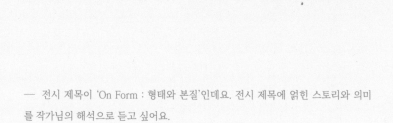

— 전시 제목이 'On Form : 형태와 본질'인데요. 전시 제목에 얽힌 스토리와 의미를 작가님의 해석으로 듣고 싶어요.

전시 서문 써준 분과 여러 번 미팅하면서 그분의 역량으로 전시 제목을 정한 거라 객관화된 타이틀이죠. 저는 어떤 생각으로 이 전시에 임하는가에 대해 이야기했고요. 내가 나를 이야기하는 것보다 누군가가 바라봐주는 거니까 그게 정확할 수 있죠. 처음엔 낯설었는데 전시 기간 내내 문구나 타이틀을 읊으면서 나를 확인하고 공부하는 시간이 됐어요.

중앙일보에서 전시에 대한 기사에 뼈에 대한 표현을 써줬는데요. 인터뷰 때 할아버지 묘를 파묘했던 이야기를 했거든요. 그때 할아버지의 뼈를 보았는데 누런 뼈가 아름답게 느껴졌어요. 인간의 몸은 뼈와 근육과 피, 거기에 정신이 탑재하는 건데 살과 피가 싹 사라진 상태에서 본질만 남았을 때는 그 모습이 너무나 아름다운 거예요. 진화에 대한 질문을 다시 곱씹어보게 됐어요. 뼈에는 장식이 없잖아요. 지금은 재료가 넘치고 기술이 넘치지만 이로 인해 오히려 아름다운 조형이 어려워진 시대죠.

— 이번 전시에서 단연 눈에 띄는 작품은 흔들의자 'Trans_rocking_01_202303'인데요. 전시 이전에 사진으로 봤을 때부터 '곡선'의 의자라니! 하고 놀라고 궁금했는데, 최근 중앙선데이와 인터뷰한 기사에서 이 작품에 얽힌 작가님의 이야기를 알게 됐어요. 어머니께서 소천하신 뒤 모성애를 담은 의자를 '충동적'으로 만들고 싶었고 '바로' 실행에 옮기셨다는 대목이었는데요. 바로 실행에 옮기기까지의 동력은 무엇이었고, 어머니께서는 어떤 분이셨나요?

디자인은 예전부터 노트에 있던 작품이에요. 이번에 뭐할까? 하다가 전혀 시도하지 않은 아카이빙을 작품으로 만들어봤어요. 2월 이후는 잡념이 끼어들면 안 되는 시기였어요. 어머니 때문에 슬퍼만 할 수도 없고 전시회 준비의 시간적 이유도 있었고요. 결국 떠나는 분 앞에서 슬퍼한다는 건 자책이고 나에 대한 위로고 아쉬움이라 생각했어요. 그 사랑을 나누는 것이 가장 가까운 사람이 주는 메시지란 생각이 들었습니다. 작업의 긴장감에 대한 얘기는 여러 번 생각하고 실행에 옮겼는데 나이가 지천명에 접어드니 적당히 힘을 빼야 되는 시기라 생각했어요. 가구가 가져야 될 기능적인 보편성이 있는데 흔들의자는 아직 편한 건 아니에요. 어느 각도일 때 편한지 그런 계산이 반영되지 않고 스케치한 이미지를 충동적으로 옮겼다는 건 조금 편하게 가자는 마음이었어요. 절대적인 건 없다는 생각이 들었고요.

제 어머니는 시골에 계셨지만 세련된 분이셨어요. 인간의 격조는 교육에서 나오는 게 아닌 거 같고 대물림되는 유전자에 있는 거 같아요. 교육을 많이 받지 않았는데도 세련된 마인드를 가지셨고 까탈스러울 정도로 청결하셨죠. 제가 하는 일에 대해 묵묵히 이해해주셨어요.

— 2010년 개인전 하셨을 때부터 지금까지 작가님의 작품은 한결같이 본질을 추구하는 '간결'과 '디테일'의 미학이 돋보이는 거 같아요. 한편, 13년의 시간만큼 작가님의 달라진 생각과 태도가 이번 작품들에도 반영됐을 텐데요. 이전의 작품들과 이번에 만든 작품들의 차이는 무엇인가요?

작업 초기에는 유머나 위트, 재치를 의도적으로 조형에 반영했어요. 그 이후에는 의도적으로 그런 장식들을 하진 않아요. 스스로 지치기도 하고 위트가 뭘까? 질문했을 때 잘 모르겠더라고요. 위트, 유머, 재치는 의도해서 되는 건 아니구나 싶어요. 그보다 내가 어떻게 살 것인가가 중요하더라고요. 자기 태도나 격에 대해 고민을 안 하는 시대가 되어버렸지만 자기 태도를 바꾸면 되거든요. 이번에 만든 작품들은 이런 마음가짐이 반영된 작품들이에요.

— 요즘 작가님의 화두, 영감의 원천, 새로운 감각을 주는 요소는 어떤 것들인가요?

솔직히 얘기하면, 작업을 하면 돼요. 이번 전시를 준비하면서 간만에 참 열심히 작업했는데 전시 끝나자마자 다음 스텝이 생겼어요. 열심히 스케치하고 열심히 작업하면 부족한 부분에 대해 실마리의 선물들이 계속 생겨요. 이런 전시를 통하면 더 하고요. 개인전을 한다는 건 정말 올인 해야 된다 생각해요. 목숨 걸고 준비하는 마음으로 해야 자기 초월이 이뤄지고 그걸 통해 새로운 화두가 선물로 오는 거죠. 화두는 개념에서 출발하는 게 아니라 몸에서 출발하는 거라 생각해요. 내 몸을 사용하면서 내 몸이 원하는 건 무엇인가를 파악하게 되니 자기 하는 일에 게으르면 안 될 거 같아요. 그런 세팅이 되면 내가 다른 것들을 보는 혜안도 생기는 거 같아요.

— 전시 마치신 뒤, 가장 하고 싶으신 것. 또 앞으로의 계획 나눠주세요.

모든 걸 잊을 수 있게 작업에 매진하고 싶어요. 이번 전시하면서 도와준 친구들에게 감사 표시도 해야겠죠. 가구는 갖춰야 하는 공간 안에서 물건과 물건 간의 '배려'인 것 같아요. 말없이 묵묵히 존재하는 사람들처럼 가구도 배려의 기능을 잃지 않는 게 중요하다 생각해요. 요소가 많으면 눈에 띌 순 있지만 저는 절대적으로 지양하는 부분이고요. 스케치를 할 때도 원랜 입체를 그리는데 어느 날은 제가 선으로 그리고 있더라고요. 그렇게 되기까지 30년 걸렸어요. 드로우 시리즈(draw series) 하나를 그리면서 연작으로 멀티 유즈(multi use)를 구상했어요. 또 다른 기능을 할 수 있으면 플러스 알파로 확장할 수 있으니까요. 조악함과 품위는 한 끗 차이여서 그 부분에 대한 사유가 늘 중요하다고 생각합니다.

'제이클래프바이준' 최준식
&
'우디스트' 김운수

'나무'로 무엇인가를 '만드는' 사람에 매력을 느낀다. 나무가 가진 결과 향을 좋아해서이기도 하지만 무언가를 직접 만들 줄 아는 사람을 만나면 우선 동경심부터 장착이 된다. 좋은 걸 보고 감탄하고 이야기하는 재주는 있으나 필요한 무언가를 직접 디자인하고 완성품으로 만드는 재주는 없는 나라서다.

원주에서 문화예술 영역의 다양한 사람들을 만나오던 중, 우산동에 있는 '제이클래프바이준' 작업실에서 베이스기타를 제작하는 최준식 님을 알게 되었다. 그의 작업실에 처음 방문했을 때 차담을 나누고 직접 만든 베이스기타를 보여준 것도 새로운 경험이었는데 여러 종류의 목재 중 마음에 드는 걸 골라 작은 나무반지를 만든 경험이 인상 깊었다. 전문가의 도움으로 나도 내가 원하는 걸 만들어보니 꽤 만족스러운 시간이었다.

그때부터 간간이 소식을 주고받으며 서로의 작업을 응원했는데, 어느 날부터 원주문화재단 주최의 행사에 제작 참여를 하고 있는 게 보였다. 그의 옆에는 그보다 키가 큰 목수 한 명이 있었다. 존재를 물었더니 원주시 태장동에서 우디스트 목공방을 운영하고 있는 김운수 대표고 둘은 친한 형제 사이라는 것. 뿐만 아니라 준식 님이 제작하는 베이스기타에 운수 님의 작업을 더하는 구상을 하고 있다는 얘기에 바로 인터뷰 섭외에 들어갔다. 그렇게 해서 2023년 4월, 태장동 우디스트 목공방에서 우리 셋은 처음 만났다.

준식 님께 이야기 많이 들었는데 이렇게 뵙게 되어 반갑습니다. 두 분 모두 현재 하는 일을 선택하게 된 계기는 무엇인가요?

운수 네, 안녕하세요. 반갑습니다. 저는 직장생활을 하다가 그만두면서 새로운 일을 찾게 됐어요. 원래 무언가 만드는 걸 좋아했고, 산에 다니면서 나무도 깎고 그러면서 목수 일을 시작하게 됐어요. 대학 다닐 때도 아르바이트로 목수 일을 했었거든요. 그렇게 이 일을 한 지 10년이 넘었네요.

준식 저는 대학에서 베이스기타를 전공했는데요. 오래전부터 직접 베이스기타를 제작해보고 싶은 열망이 있었어요. 원주에서 커스텀 베이스를 제작하고 있는 분께 배워서 이 일을 하고 있습니다.

좋아하고 관심 있던 것을 업으로 연결한 셈이네요. 준식 님은 베이스기타를 연주하다 제작자로 활동을 하게 됐는데 둘의 차이는 어떤가요?

준식 연주할 때는 단순히 소리가 어떻게 나는지에 따라 편한지, 불편한지를 느끼는 정도였다면 제작하는 입장에선 연주자의 입장에서 어떻게 하면 좀 더 편할 수 있을지 생각하고 작업에 반영하게 됐죠. 줄 높이라든가 여러 면에서 악기 제작을 하다 보니 좀 더 신경을 쓰게 됐어요.

두 분의 인연이 궁금한데요. 어떻게 알게 되었고, 현재 서로의 작업에 어떤 영향을 주고받나요?

준식 악기 제작을 한 지 3년 차 되었을 때 부모님께서 작업실을 꾸려주기로 하셨는데 그 일이 잘 되지 않았고, 원주에서 나무를 놓지 않으면서 할 수 있는 일을 찾던 중 이동식 목조주택회사에 이력서를 넣게 되었어요. 본가로 내려간 지 2주 정도 되었을 때 연락이 와서 면접을 보고 회사의 샘플 주택에 거주하면서 일을 시작하게 되었습니다. 그 회사에서 우디스트 운수 형을 만나게 됐어요. 아직도 첫인상이 생생해요. 키가 컸고 저보다 어릴 줄 알았는데 나이가 많았고 차가운 인상이었죠.(웃음) 그런데 친해지고 나니 순수한 면모를 가진 형이더라고요.

둘 다 다루는 게 목재니 새로운 수종에 대한 정보 교류나 작업 아이디어 공유를 자주 해요. 인테리어나 가구 제작, 소품에 대한 의견도 교류하고 프로젝트 일을 함께하기도 합니다.

운수 삶을 지속하려면 벌이가 있어야 하니 나무로 집 짓는 일하는 회사가 눈에 띄어서 일을 배우려고 입사했죠. 그 회사에서 빌더로서 갖춰야 할 것들을 배울 수 있었어요. 내장 인테리어나 가구도 처음부터 끝까지 만들 기회들이 있었거든요. 그 회사에서 목수 일을 본격적으로 시작한 셈이죠. 그렇게 원주에 정착한 지 15년이 다 되어가네요. 그 회사 다닐 때 제 또래 사람이 거의 없었는데 준식이가 입사해서 좋았죠. 나무를 저보다 먼저 다뤄본 친구라는 걸 알고 배울 게 많겠다는 생각도 했고요. 함께 일하면서 일종의 전우애가 생겼죠.(웃음)

같은 회사 다닌 동료라면 에피소드도 많았을 텐데 기억나는 일 있으세요?

운수　제가 어느 날 일하다 톱날에 손을 다쳤는데 준식이가 병원까지 데려다줬던 기억이 나네요.

준식　너무 놀라고 걱정이 돼서 병원까지 갔죠.

손이 재산인 분들이니 진짜 놀랐겠어요. 작업하는 데 있어 가장 중요하게 생각하는 점은 역시 안전이겠죠?

운수　맞아요. 첫째는 안전이죠. 저희가 통화를 주고받을 때도 '안전 목공'이라는 말을 자주 해요. 혼자 외딴 곳에서 작업하다보면 혹시 다치게 되면 어떡하지 하는 걱정이 있으니 계속 신경을 쓰게 되죠. 똑같은 작업을 반복하다 보면 안전을 생각하고 작업 외적으로는 저만의 디자인을 찾으려고 노력해요. 사람들이 봤을 때 이건 저 사람이 만든 거라고 할 수 있을 만한 고유한 저의 색깔을 나타내는 작품 활동을 하고 싶어요.

준식　저도 안전이 가장 중요하다고 생각해요. 작업을 하면서 이미지트레이닝을 해요. 예를 들면 내가 이러다 다칠 것 같다는 느낌이 들었을 때 바로 작업을 중단하고요. 제가 좀 예민한 성격이라 사람들과의 관계나 하루의 기분을 망치는 게 있으면 작업을 하지 않는 편이에요. 외적으로 안전이 중요하다면 내면적으로는 평화가 중요하니까요.

공감합니다. 두 분이 함께 해온 프로젝트에 대한 이야기도 나눠주세요.

운수　공방을 운영하고 있으니 별도의 수익 모델이 필요하던 중에 작년에 원주 문화재단에서 여러 프로젝트를 맡겨주었어요. 저희 둘이 호흡이 잘 맞으니 함께 일을 제법 많이 했죠. 2021년에도 했고요. 주택, 주거 형태의 집을 만든 게 아니라 조형물적인 전시 부스 등을 만드는 거라 작업하면서 재밌고 부수적으로 수입도 올릴 수 있었어요.

준식　외부 인테리어 업무도 함께 갔었고, 스툴 제작하는 클래스도 진행해봤죠. 서로의 본업인 악기 제작과 에폭시 레진 작업의 협업도 진행하고 있는데 속도는 더뎌요.

함께할 수 있는 작업들이 많다는 게 좋네요. 협업할 때 일의 분담이라든가 그런 건 어때요?

준식　우선 서로 작업 공간에 있어서도 도구라든가 상호보완적인 게 있어요. 일을 하는 방식에 있어서도 형은 되게 꼼꼼한 게 장점이고 저는 먼지 구싱하고 도면 그리는 걸 진행하고 결과물을 예측하는 편이에요. 서로 호흡이 잘 맞는 편이라 마음 편하게 할 수 있는 좋은 파트너죠.

운수　서로의 강점을 잘 발휘하고 있어요. 준식은 도색이나 마감적인 부분, 저는 빌더 쪽 성향이 강하죠. 외부 업무를 나가면 제가 주체가 되고 가구 마감을 할 때는 준식이가 도움을 줍니다. 서로 주고받을 수 있는 게 많은 것 같아요.

개인적으로 기억에 남는 작품이나 프로젝트는 무엇인가요? 이유도 얘기해주세요.

준식 작년에 의뢰받아 만든 여섯 번째 악기가 기억에 남아요. 6호 악기의 주인 분께서 '다른 제작자들은 목재, 부품에 대한 이야기에서 그치는 경우가 많은데 준식 님의 악기는 예술을 담으려 하는 노력이 보여서 좋았고 앞으로 더 비싸지기 전에 사야겠다는 생각으로 주문을 했다'고 말씀하셨어요. 저는 오히려 그이야기가 예술적 가치를 더 담아달라는 요청으로 받아들여졌고 그 대화가 현재의 작업에도 많은 영향을 끼치고 있어요.

주문자와 색을 정하는 과정에서 추상적인 이야기를 실제화 할 때 어떻게 할지정말 고민이 많았어요. 색을 어떻게 할 것인가 정하는 작업이 오래 걸렸고 영감을 얻기 위해 떠난 여행에서 새벽에 혼자 숙소 밖으로 나와 동이 트는 바다를보며 생각을 정리했어요. 앞서 봄과 여름을 주제로 작업했던 악기가 있어서 이악기는 두 악기의 연장선상에서 하늘과 바다, 태극 등의 키워드를 떠올리면서작업했습니다.

운수 저는 아이러니하게도 성공보다 실패한 게 기억에 남아요. 제가 팬데믹 이전에 주로 하던 작업이 에폭시 작업이었는데요. 그때 만든 '밤바다'라는 테이블이 저기 있는데, 저 작품을 우연찮게 드라마에 협찬 요청이 와서 응하게 됐어요. 그런데 드라마 흥행에도 실패하고 카메라로 담은 것과 실제 제 작품과 차이도 심했죠. 기대감이 커서였던지 실망감도 컸고, 무언가 절실함이 더 담긴 작품이에요.

일을 하다 보면 어려움을 만나게 되는데요. 어떤 부분에서 어려움을 느끼고 그것을 극복하기 위해 어떤 노력을 하나요?

준식 스스로와의 싸움일 수 있다고 생각해요. 혼자 작업하다보면 생각만 많아지고 진행이 안 될 때가 꽤 있거든요. 그럴 때면 운수 형을 만나거나 대화를 하는 경우가 많습니다. 금전이나 현실적인 부분에 대한 고민은 뒤로 두는 편이에요. 가정이 없어서이기도 하겠지만 언젠가 타개할 수 있다는 스스로에 대한 믿음이 있어요. 악기 작업에 있어서도 아직 인지도나 여러 면에서 부족한 게 많지만 사람들에게 보여주고 싶은 게 있으니 더 느리게 천천히 완벽하게 하자는 생각으로 마음의 여유를 찾고 있어요. 저 혼자만의 작업에 갇히지 않고 좋은 작가분들과 교류하면서 영감과 용기를 얻고 있고요. 그게 극복인지 아닌지는 시간이 말해주겠지만 저는 지금은 이 방향이 맞다고 생각합니다.

운수 좋아하는 일을 꾸준히 오래 하고 싶은데 가정이 있다 보니 경제적인 부분이 제일 걱정이 돼요. 현실적인 고민을 할 수밖에 없고 어떻게 해서든 일을 영위할 수 있는 방법을 모색 중입니다. 그 외적으론 주변의 지원을 바라고 싶진 않아요. 혼자 작업실에 있다 보면 정말 외로울 때가 많은데 아마 세상 모든 공방 사장님들은 사람들이 오는 걸 좋아할 거라 생각해요.(웃음) 자기와의 싸움이지만 그 끝에 뭔가 만들어내는 성취감 때문에 이 일을 지속하게 되는 거 같아요.

요즘 두 분의 관심사는 무엇인지, 또 어떤 작업에 집중하고 있는지 궁금합니다.

운수 공방을 꾸준히 이어가고 싶은 마음이 있어서 목공 수업을 위주로 운영하고 있어요. 사람들을 가르치면서 저도 배우는 게 있고요. 수업에 적당한 아이템을 찾고 커리큘럼을 만들어서 우디스트 공방이 활성화 될 수 있게 준비하고 있습니다. 사람들 좀 모아주세요.(웃음)

준식 혼자 악기 제작을 하면서부터 스스로에 갇혀서는 발전이 없다는 걸 배웠어요. 그래서 악기에 적용하는 부분은 협업해야겠다는 생각이 들었죠. 현재 악기에 예술을 담는다는 생각을 하던 도중 좋은 기회로 작가님을 만나게 되었습니다. 해외 유학을 하시고 개인전도 많이 하신 작가님이라 제가 요청 드리기는 힘들다는 생각이 들었는데 가볍게 초대를 받아 간 자리에서 협업이라는 것의 의미를 확실히 알게 되었고, 협업의 방식이 한쪽의 요청으로 작업하는 것이 아닌 함께 풀어가는 것이라는 점을 공감하며 두 번째 미팅을 했어요. 10월 전을 목표로 2대의 작업을 함께하고 있습니다.

나무와 떼려야 뗄 수 없는 분들인데, 나무의 매력은 무엇인가요? 두 분이 가장 좋아하는 나무도 얘기해주세요.

운수 세상에 똑같은 나무는 하나도 없어요. 그 속에 문양도 모두 다르고요. 나무가 생장하면서 비틀리고 병이 들어서 붉어지는 게 꼭 우리 사는 인생 같다고 생각해요. 고통 속에 내면은 다른 아름다움이 존재할 수 있어요. 나무를 보면서 배울 점이 있다고 생각하고 나무가 주는 느낌이 너무 좋아요. 그래서 마감할 때

도 나무 본연의 결이나 무늬를 느낄 수 있게 오일 마감을 합니다. 좋아하는 나무는 '참죽'이에요. 결도 예쁘고 색도 자연스러운 붉은 색이 나와서 마음에 들어요. 또 요즘엔 국산 수종에 매력을 느끼고 있어요.

준식 정해지지 않은 상태에서 나무가 말을 걸어온다는 표현을 쓰는데요. 나뭇결의 방향성이나 어떤 상태가 인도하는 느낌이 들 때가 있습니다. 그럴 때 작업하면서 창의성이 발현되는 느낌을 받아요. 자연이 준 선물을 가지고 일할 수 있다는 것이 매력적이라고 생각해요. 좋아하는 나무는 '파덕(padouk)'이라는 빨간색 나무예요. 냄새도 초콜릿처럼 달콤한데 문하생으로 있을 때 사용하면서 나무가 빨간색일 수 있다는 게 신기했어요. 색깔을 품고 있는 나무들이 신기하고 좋아요.

마지막 질문이네요. 앞으로의 계획, 서로 함께한다면 어떤 작업을 해보고 싶나요?
운수 나만의 색깔을 찾는 것이 최우선 계획이에요. 공방 운영하는 부분에 대해 준식과 이야기를 자주 나누는데 가능하다면 작업실을 합쳐서 진행해보고 싶은 마음도 있어요. 그리고 에폭시와 한지 등의 재료를 활용해서 함께 공동 전시를 해보자고 얘기하곤 했는데 실제 개인 전시든 공동 전시든 해보고 싶어요.
준식 운수 형과는 클래스를 함께하고 싶어요. 이미 한 번 클래스를 진행한 경험이 있는데 함께 소소하게 목공의 즐거움을 전달하는 것이 의미가 있다고 느꼈거든요. 운수 형은 실질적인 제작에 더 교육의 방향을 갖고 저는 약간 디자인적인 부분이나 아이디어를 전달하는 기획을 해보고 싶은 생각이 많아요.

이야기하는 내내 서로를 생각하는 마음, 오랜 시간 쌓인 우정과 신뢰, 작업에 대한 열정이 고스란히 느껴져 훈훈했다. 두 작가의 바람처럼 둘의 색이 가득 담긴 작품들을 조만간 만나볼 수 있을 것이 기대됐다.

[O] 제이클래프바이준 @jclef_byjune, @junsic_choe
[O] 우디스트 @woodist_soo

소로,
여행자의집 박은혜

일산동 골목에 위치한 '소로,여행자의집'은 이름 그대로 '요리하는 여행자'인 소로, 박은혜 대표가 손님들에게 정성 가득한 요리를 내어주는 곳이다. 1인 쉐프가 운영하는 작은 식당이라 100% 예약제로 운영되는 이곳에서는 파스타와 리조또, 피자 등의 프랑스 가정식을 맛볼 수 있다. 제철재료로 신선하고 건강한 음식을 요리하기 때문에 시즌마다 메뉴가 조금씩 바뀌며 여행지에서 맛본 새로운 음식을 팝업 식당으로 선보일 때도 있다. 따라서 이용 전에 인스타그램으로 공지를 확인하는 게 필수. 박은혜 대표에게서 요리와 식당 운영에 대한 이야기를 들어보았다.

Q1 원주의 자랑이자 대표 맛집으로 잘 알려져 있는데요. 언제부터 요리에 관심을 갖고, 잘하게 되었나요?

어렸을 적부터 누군가 요리하는 걸 보거나 직접 하는 걸 좋아했어요. 엄마의 말씀으로는 티비 프로그램도 어린 연령대의 친구들이 좋아하는 만화보다 요리 프로그램들을 많이 봤다고 하시더라고요. 저는 기억이 잘 나진 않지만요. 대단한 미식가이거나 요리사는 아니지만 요리할 때 펼쳐지는 테이블 위의 풍경들, 신선한 식재료들을 보면 가슴이 뛰어요. 요리를 잘하는 사람이라기보다 요리를 누구보다 사랑하는 사람이라고 생각해요.

Q2 음식을 먹는 것과 음식을 만드는 것, 나아가 그것을 손님에게 돈을 받고 파는 것은 정말 큰 차이가 있는 일들인데요. 그 모든 것을 하고 있는 사람으로서 어떤 것이 가장 즐겁고 행복한가요?

저는 고민도 없이 먹는 걸 좋아하는 사람입니다.

Q3 소로의 파스타는 건강한 식재료로 정성껏 만드는 음식이라는 인식이 강해요. 개인적으로 처음 맛보았을 때 맛도 있지만 프랜차이즈 식당의 파스타와 달리 더부룩하지 않고 소화가 잘된 게 인상 깊었거든요. 그때부터 소로의 단골(?)이 되었는데요. 밀을 주로 하는 요리를 하는 요리사로서 어떻게 식재료를 고르고, 요리를 할 때 특별히 어떤 마음가짐과 태도로 임하나요?

진부한 대답일수 있지만 결국 요리하는 분들은 모두 같은 마음일 거예요. 요리할 때 저와 제가 사랑하는 사람들이 먹는다는 마음으로 만들어요. 건강한 재료와 건강한 마음가짐으로요. 멋지고 대단하진 않아도 그런 마음으로 요리를 대하다 보면 근사해지는 것 같아요.

Q4 요즘 대표님의 '화두'는 무엇인가요? 영감을 주는 요소나 요리 외에 시간은 어떻게 사용하고 있는지도 이야기 나눠주세요.

요즘 저의 화두는 건강이에요. 작년과 올해 두 번의 수술을 하면서 '나도 아플 수 있구나'라는 걸 깨달았는데 그러다보니 운동과 먹는 것에도 자연스럽게 관심이 가고, 중요성을 다시 한번 느꼈어요. 저를 조금 더 돌보고 사랑해주는 연습을 하는 중입니다.

Q5 식당을 운영하면서 겪는 어려움이나 이에 대한 고민, 대안 등도 궁금합니다.

바쁜 시간에는 부모님이 도와주지만 요리, 운영에 관한 것들을 모두 혼자 하다 보니 새로운 것을 결정하거나 고민할 때가 가장 어려워요. 왠지 함께하는 사람들이 있다면 시너지가 나거나, 뭔가가 번뜩이는 이벤트들을 하고 싶을 때가 있는데 제가 혼자 하니까 머리에서 생각만 하다가 끝나는 경우가 대부분이거든요. 그래서 요즘은 손님들께 '이런 이벤트 어때요?'라던가 친구들과 많이 이야기 나누고 있어요.

Q6 소로,여행자의집을 보면서 '여행과 요리'라는 대표님의 삶의 모토에 '즐거움과 유익'을 첨가한 듯한 느낌을 받아요. 예를 들면, 소로쿡스에서 전시나 콜라보 팝업을 운영하거나 태국 요리를 선보이는 심야식당이나 화이트데이 때 사탕을 주고 어린이 손님들에게 다정한 이모의 사랑한 스푼 너하는 식이요. 소로는 어떤 요리사로, 소로가 운영하는 어떤 공간으로 기억되고 싶나요? 앞으로의 계획이 있다면 그것도 이야기해주세요!

이 공간은 제가 여행에서 나눈 맛이나 경험들을 나누고 싶어서 열게 된 공간이에요. 그렇기에 손님들도 이곳에서 머무르는 동안에는 멀리 떠나진 못해도 잠시나마 여행을 떠올리셨으면 좋겠어요. 앞으로의 계획은 이제 코로나19가 잠잠해졌으니 저도 맘껏 떠나고 싶어요! (과연 될까요?)

Q7 마지막 질문은 제 아들 지빈이의 질문인데요. '버섯크림파스타' 만드는 법을 알려 달라네요?(웃음)

'이모의 요리교실'에서 알려줄게요.

성실하게 손님들과 약속한 시간에 식당 문을 열고 요리를 준비하면서도 여행에 대한 꿈도 마음 한편 키워가고 있는 소로 박은혜 대표와의 대화에서 머지않아 여행을 다녀와 손님들에게 새롭고도 맛있는 음식을 선보일 모습이 그려졌다.

• • •

영업시간 : 수~토 11:30-19:30 (브레이크타임 14:30-17:00)
매주 일, 월, 화 휴무
주소 : 원주시 갈머리1길 7 (일산동 187-5)
인스타그램 : @soro_travelers

Green Pesto Pasta
'그린 페스토 파스타'

제철요리만큼 우리 몸을 이롭게 하는 음식은 없다.

원주의 파스타 맛집, '소로,여행자의집' 박은혜 요리사가 알려주는 레시피를 따라

초록의 계절, 봄 향기를 입 안 가득 머금게 하는 파스타 한 접시를 내어보자.

재료

면, 소금, 페스토 재료, 아몬드, 마늘,

새우, 육수, 파마산 치즈, 레몬

밑 준비

- 아몬드는 살짝 구워 식힌다.

- 스파게티의 마늘은 슬라이스 해

준비한다.

조리방법

① 믹서에 페스토 재료를 넣고 갈아준다.

② 팔팔 끓는 물에 면 100g당 소금 10g을 넣고 삶아준다.

③ 팬을 약한 불로 달군 후 마늘 슬라이스를 볶다가 새우를 노릇하게 볶아준다.

④ 새우가 익으면 삶은 면과 페스토, 육수 50g을 넣고 면에 소스가 흠뻑 머금도록 졸여준다.

⑤ 접시에 완성된 면을 담고 파마산 치즈와 레몬을 함께 낸다.

⑥ 취향에 따라 먹기 전 레몬즙을 뿌려서 잘 비벼 먹는다.

모두레터 필진들이 추천하는 영화

모두레터는 원주영상미디어센터에서 매주 수요일마다 발행하는 뉴스레터이다.
총 6명의 필진들이 한 달에 4번, 영화 비평을 소개하고 있다.
모두레터 전문 보기 : https://page.stibee.com/archives/69178
모두레터 구독 링크 : https://bit.ly/3jGQEaT

김예빈　　　**놓치고 있던 수많은 기적을 찾아서**

〈진짜로 일어날지도 몰라 기적〉(2021),
고레에다 히로카즈

"영화 〈진짜로 일어날지도 몰라 기적〉은, 지금 세 살인
딸이 열 살이 되었을 때 보여주고 싶다고 생각하며 만들
었습니다. 세계는 풍요롭게, 일상은 있는 그대로 아름다
우며, 생명은 그 자체로 '기적'인 거야, 그렇게 딸에게 말
을 걸듯 만들었습니다."
이 문장을 보는 순간, 딸에 대한 아버지의 마음이 고스란
히 느껴졌다. 이때 여행을 하는 이유를 알게 됐다. '기적
은 멀리 있지 않고 가까이 있는 거야.'라는 사실을 깨닫
기 위해 그동안 수많은 여행을 해왔다는 것을. 여행을 마
치자마자 〈진짜로 일어날지도 몰라 기적〉을 봤다. 이 영
화는 각자 나름대로 꿈과 소원을 가진 아이들이 기적을
바란다. 아이들은 기적이란 '사쿠라호'와 '츠보미호' 두
열차가 처음 서로 스치고 지날 때라고 믿었고, 영화는 그
순간을 찾아 나서는 로드 무비다.
결국 영화는 마지막에 놓치고 있던 기적은 멀리, 까마득
한 미래에 있는 것이 아니라 가까이에 있음을 알려준다.
기적 그 자체가 아니라 내 주변에 존재하는 모든 것들이
'기적'이었던 것이다. 포테이토 칩 부스러기, 새싹, 할머
니의 춤, 강아지, 화산재, 가족, 가루칸떡, 코스모스, 그리
고 옆에 있는 내 사람들…. 여행하고 영화를 보며 멀리서
바라본 결과 주변에 있는 것들이 불완전하더라도 은은하
게 풍기는 단맛이 얼마나 풍요로운 건지 알 수 있었다.

강예슬　　　**그 아이의 꿈은 무엇이었을까**

〈다음 소희〉(2023),
정주리

멀리서 보면 아름다워 보이지만 자세히, 가까이 들여다
보면 이지러져 보이는 것들이 있다. 흩날리는 눈, 잔잔한
물, 그리고 타인의 삶이 그렇다. 해사하게 웃는 소희가
면접을 위해 차려입은 예쁜 투피스가, 높은 뾰족구두가
묘한 이질감을 느끼게 하는 것이 그렇다.
앳된 얼굴과 목소리로 첫 고객을 마주하는 소희의 얼굴
엔 묘한 긴장과 설렘이 함께 공존한다. 그러나 설렘이 공
포로 바뀌는 것은 한순간이다. 학생의 신분으로 떠난 현
장실습이지만 교육청도, 학교도, 담임 선생님도, 심지어
부모도 소희가 무슨 일을 하는지는 정확하게 알지 못하
는 동안 아이는 수많은 얼굴 없는 사랑하는 고객님들과
자신의 이름 옆 오르락내리락하는 화살표와 숫자 사이에
서 허우적대며 홀로 어른이 되기 위해 안간힘 쓴다. 어떠
한 보호막 없이 어른이 되기를 강요당한다.
그러나 어른들의 세계는 온통 거짓이다. 너를 위한 것이
라 말하지만 실상은 자신들의 안위를, 학교의 실적을, 회
사의 이익을 위한 것이다. 콜센터의 영업실적표 숫자가
학교의 게시판에서, 교육청의 게시판에서 각각 취업률,
성취율로 바뀌는 장면은 섬뜩하다. 그리고 그 가운데 쓰
인 소희의 이름은 못내 안쓰럽다.

장정윤 　　　　　 당신을 건지로 초대합니다

〈건지 감자껍질파이 북클럽〉(2018)
마이크 뉴얼

2차 세계대전, 독일이 점령한 영국의 섬 '건지'. 대륙에 있는 병력외 식량으로 쓰기 위해 모든 가축을 탈취한 독일군은 '도시'의 돼지들마저 모두 빼앗아 간다. 삶에 대한 희망을 잃은 도시는 굶주린 채로 집안에 고립된다. 어느 날, 도시에게 푸줏간 칼을 가져오라는 비밀 쪽지가 오고, 도착한 곳에는 '모저리 부인'이 숨겨둔 돼지 한 마리가 있다. 돼지구이 만찬을 생각한 '엘리자베스'와 각종 술을 가져온 '이솔라', 밀가루와 버터가 들어가지 않은 감자껍질파이를 만들어온 '램지'가 도착한다. 점령 받은 것도 잊은 채 즐겁고 따듯한 밤을 보낸 그들은 터질 듯한 눈물을 꾹 참으며 서로를 가슴속에 품는다. 어쩌면 그들에게 진정으로 필요했던 것은 돼지구이가 아닌 사람들과의 소통이었다. 전쟁 속의 긴장과 불안에서 급히 채워진 행복으로 가득 찬 그들이 집으로 돌아가는 길, 통금 시간이 지났는데 왜 모여 있냐고 소리치는 독일군에게 발목이 잡히고 만다. 급하게 모임을 했다고 둘러대고, 무슨 모임이냐며 추궁해오는 탓에 겁먹은 채로 생각해 낸 것이 북클럽. 아니, '감자껍질파이 북클럽'이다. 문 닫은 서점에서 구한 책과 하나 남은 장작에 기대 그들은 한 문장씩, 한 장씩 책을 읽어간다. 문학회는 멈춰버린 그들의 시간을 다시 흐르게 했고 갇혀버린 섬에서 세상을 읽게 했다.

권진아 　　　　　 나와 너와 우리의 추억은 어디에

〈추억은 방울방울〉(2003)
다카하타 이사오

Dear. 보고 싶은 윤희에게

갑자기 웬 편지냐고? 최근 넷플릭스로 스튜디오 지브리의 작품들을 보고 싶어 찾아보다가 〈추억은 방울방울〉이란 영화를 봤거든. 우리나라에선 2003년 12월에 개봉했던데 일본에선 1991년 7월에 개봉한 작품이더라. 2003년도 아득한데 1991년이라니 더 놀랍지 않니? 1991년의 우리는 일곱 살! 너와 내가 처음 친구가 된 때이잖니. 우리 집 옆집에 너희 가족이 살았고 단계초등학교(당시 단계국민학교) 병설유치원을 함께 다니면서 매일 우리는 추억을 쌓았지.

영화에서도 도시에서 태어나 자란 탓에 농촌에 대한 동경을 가진 스물일곱 살의 타에코가 여름휴가를 이용해 시골에 내려가 그곳 사람들과 어울리며, 초등학교 5학년 어린 시절의 추억을 회상하는 이야기를 담고 있어. '나는 나와 여행을 떠나'는 셈이지. 영화를 보는 내내 나는 우리가 함께했던 유년을, 사춘기를, 청춘을 추억했어. 삼십 년이 지나두 여전히 니의 친구로 곁에 있어주어 진심으로 고맙다.

우리의 원주는 요즘 몸살을 앓고 있는 것처럼 보여. 우리가 유치원을 갈 때 건넜던 좁은 다리 밑 흐르던 하천은 복개 공사로 덮인 지 오래고, 중앙시장 농협 옆에 있던 롯데리아와 KFC도 이전한 지 오래지만 여전히 우리 부모님과 할머니가 살고 계신 친정집이나 우리가 다녔던 학교, 네가 원주 올 때마다 먹는 '날아라둥까스'는 그대로 인데 이 도시의 변화가 사뭇 두렵기도 하다.

서합올   **아직 시시한 어른이 되기 전 이야기**

〈경복〉(2013)
최시형

연출의 핵심이 고유한 스타일을 만들어내는 것이라면 나는 이 영화의 영리한 연출을 애정한다. 〈경복〉은 스무 살이 된 형근과 동환이 자신들의 방을 떠나게 되는 이야기이다.

함께 무모할 수 있었던 친구와의 헤어짐은 서글픈 일이지만 우리는 그렇게 어른이 되는 것일지 모른다. 중요한 것은 "그리고 우리는 좋은 시절을 함께 보냈습니다."라는 영화의 마지막 내레이션처럼, 〈BIG GOOD〉이라는 영화의 영어 제목처럼, 그때만의 좋았던 기억이 우리 안에 한 편의 영화처럼 남아있을 수 있다는 것이다.

CD에서 정성일은 미야자키 하야오의 인터뷰를 인용하며 이렇게도 말한다. "결국, 어른이 된다는 것은 시시해지는 거라는 겁니다." 〈경복〉은 아직 시시해지지 않은 사람들의 이야기를 시시하지 않게(이 영화의 기술적 완성도를 지적해서는 안 된다. 촬영이든 음향이든 내러티브를 풍성하게 하도록 치밀하게 갖춰진 영화다) 풀어낸 영화. 나는 내가 시시해져가고 있음을 하루하루 느끼는데, 나처럼 의도와 다르게 시시해져버린 사람들을 아프게 찌르는 독립영화, 〈경복〉이다.

백희림   **그 길에는 무엇이 남을까**

〈씨도로〉(2016), 〈남아 있는 순간들〉(2021)
이민엽, 고승현

기억의 힘은 강하다. 시간이 지나고 모습이 변해도, 기억은 우리를 붙잡는다. 이번에 찾아 본 영화 〈씨도로〉와 〈남아있는 순간들〉도 분명 그런 작용에 의해 만들어진 영화라고 생각한다.

이민엽 감독이 2016년에 완성한 이 영화는 원주의 구시가지에서 흐르는 시간을 거슬러가며, 극장이 있던 자리마다 잠시 멈춰서 C도로의 주인공들을 소개한다. 내가 원주에 온 시점에는 아카데미극장 밖에 남아있지 않아서 다른 극장들의 모습을 보는 건 처음이었다. 고승현 감독의 〈남아있는 순간들〉에서는 아카데미극장의 모습을 더 긴 호흡으로 만날 수 있다. 마지막 상영을 마치고 극장을 정리하려는 영사기사의 눈에 미련처럼 남아있는 관객 한 명이 들어온다. "이제 나가셔야 돼요. 영화 끝났습니다." 사무적인 말로 시작했던 대화는 어느 순간 끝이 가벼워진다. 이 영화의 대사는 묘하게 유연해서 마치 여러 사람이 하는 이야기를 엮어 놓은 것 같다.

프롬위로 책읽기 모임

원주시 판부면 오성마을길에 위치한 카페 위로부터(@from_wero)에서는 2018년 여름부터 '프롬위로 독서모임'을 열고 있다. 코로나19와 개인 사정들로 잠시 쉬어간 시간도 있었지만 어느덧 6기 모임을 이어가고 있으며, 한 권의 책으로 깊게 만난다. 각자 책을 읽고 와서 첫 모임에는 토론, 두 번째 모임에는 이를 바탕으로 글을 쓰고 읽으며 시로의 글에 코멘트 하는 방식으로, 혼자 읽고 끝나는 독서가 아닌, 함께 말하고 쓰며 깊고 느린 독서를 지향한다. 전체 진행은 녹서교육 진문가 권현지 님이 맡아주고 있다.

이번 6기 모임의 주제는 '삶'이다. 1회기에 스스로가 책이 되어 자신의 '삶'을 이야기하고, 2회기부터는 '삶'과 관련한 책 3권을 함께 읽는다. 그중 2권의 책을 소개한다.

writer 권현지

① 이서수, 〈젊은 근희의 행진〉

이 시대의 삶이란 어떤 모습인가 들여다볼 수 있는 단편입니다. 단편은 가장 효율적인 장르예요. 짧은 분량 안에 작가가 하고자 하는 말을 효과적으로 녹여낼 수 있어야 합니다. 작가 이서수는 '꼰대'와 '관종'이 공존하는 2023년 오늘날에 우리의 삶은 어떤 모습인지를, 아주 영리하게 그려내고 있습니다. 젊은 근희와 언니 문희, 강하와 엄마. 이토록 서로 다른 우리가 서로를 이해할 수 있을까요? 어쩌면 이해란 100% 완벽할 순 없고, 다만 근사치로만 가능한 일이 아닐까요. 세대를 가로질러서 서로를 이해하려고 노력하는 이야기는 눈물겹기도 합니다. 근사한 이 단편을 읽는 독자들은 아주 할 말이 많을 겁니다.

에리히 프롬, 〈우리는 여전히 삶을 사랑하는가〉

우리는 흔히 삶의 목적을 '부'나 '명예' 혹은 '행복'으로 설정하곤 합니다. 그러나 삶의 목적은 삶 그 자체여야 합니다. 우리는 삶을 제대로 살고 있을까요? 삶을 온전히 사랑하고 있을까요? 그렇지 않다면 우리는 살고 있어도 이미 죽어있을지도 모릅니다. 70여 년 전에 쓰인 이 짧은 텍스트는 시대가 흘러도 '생동하는' 삶이 무엇인지, 그리고 '사랑'이란 진정 무엇인지를 친절하게 알려줍니다. 프롬에 따르면 사랑의 기본 원칙은 1) 내 사랑이 적절하고, 2) 상대의 욕망과 본성이 맞을 때입니다. 당신은 삶을, 연인을, 가족을, 자식을 혹은 조직이나 아이디어까지도 제대로 사랑하고 계시는가요? 나의 삶이 흐트러지고 있다고 느낄 때마다 경전처럼 붙들며 나를 다잡을 수 있는 책입니다.

고마워서그래

고마운 사람들과 함께 나눕니다

건강한 재료로 맛있게 만들어 아침이 기다려지는 수제 그래놀라

누군가의 입에 들어가는 것을 만드는 일은 그 사람의 일부가 되는 일이라 생각합니다.

전체 리뷰수 2,836 / 사용자 총 평점 ★★★★★ 5.0 / 5

---

joyv****** | ★★★★★

웃을 일이 별로 없는 요즘 고마워서그래는 나만을 위한 나 자신의 선물이다. 이거 먹고 또 한달쯤 힘내서 잘 살아봐야지. 레몬과 오렌지는 상큼하고 오리지널은 늘 변함없이 최고! 그래놀라의 기준을 바꾼 고마워서그래! 늘 고맙습니다. 오래오래 만들어주세요.

---

sl**** | ★★★★★

전 그래놀라가 이렇게 맛있는지 몰랐어요.
대기업 제품은 너무 달아서 입맛에도 안맞고 건강한 척 건강하지 않은 느낌이었는데, 고마워서그래는 먹자마자 적당히 달달하고 꼬수와요. 종종 사먹을게요. 감사합니다.

오트밀 / 견과류 / 견과일 배합, 식감에 좋은 견과의 크기와 굽는 정도 등

모든 공정이 기계가 아닌 수작업으로 오븐에 천천히 세 번 구워 만들었습니다.

선주문 후제작으로 매일 일정량만 생산한 신선하게 갓 구운 그래놀라와 맛있는 시간 보내세요!

⊙ @thank.you_2020

N 고마워서그래

eat then good

'잇덴굿 EAT THEN GOOD'은 '먹었더니 좋았더라'는 모토로 신선한 샐러드를 통해 고객의 건강을 먼저 생각하는 기업입니다. 최근 오픈한 '잇덴굿 오크밸리점'은 오크밸리 리조트 직영점으로 잇덴굿의 기존 메뉴 외에도 이곳에서만 맛볼 수 있는 조식패키지, 브런치, 키즈 메뉴 등의 고객 맞춤형 메뉴를 선보입니다.

투숙객을 위한 '조식패키지'는 브런치 구성으로 샐러드와 브런치플레이트, 음료, 스프, 그릭요거트 등을 제공하고 있습니다. '잇덴굿 오크밸리점'에서만 맛볼 수 있는 조식패키지로 건강하고 든든한 아침을 맞아 보세요.

'잇덴굿 오크밸리점'은 세미나 공간 제공 및 케이터링 서비스도 갖추고 있습니다. 스포츠브랜드 '휠라', '타이틀리스트'와 케이터링 서비스를 진행했으며, 행사 취지에 맞는 신선하고 맛있는 메뉴 구성으로 만족도가 높은 케이터링 서비스를 제공하고 있습니다.

● 강원 원주시 지정면 오크밸리1길 66 A동 1층

● 월~금 09:00-18:00 (매주 수 휴무) / 토~일 08:00~18:00

● 인스타그램 @eatthengood_oakfvalley

● 단체주문 케이터링 서비스 전화 문의 : 033-730-3396

반짝이는 생각을 뜰채로 건져 올려
읽을 만한 책을 짓습니다

쓰는 감각을 돕는 큐레이션 편집숍
'Dayspring' 돋는 해 ☀

로컬수집가 · 콘벤츠 기획 · 출판편집
디자인 분구 · 색 · 글쓰기 · 클래스

화~금 10시 - 16시 (화, 목은 18시)
원주시 원문로 118번길3 1층

@gangwon_soozip
@ps_dayspring

작업실247

북바인딩 노트와 문구, 소품
원데이 클래스

화요일~ 일요일
평일 12 : 30 ~ 18 : 15
주말 12 : 00 ~ 19 :00

강원도 원주시 중앙시장길6,
2층 가동 20호 (미로시장)

@wp_0247

강원도의 감각을 표현하는
로컬매거진 각
Local magazine GAK

<u>창간호 No.1</u>

발행인	권진아
발행일	2023.06.30
편집장	권진아

에디터	우혜빈
사진	안형우, 오택, 신우현, 권예소, 지니포토
편집	생각의뜰채(Dayspring)
디자인	최진실
교열	생각의뜰채(Dayspring)

인쇄	북도리
광고·원고 문의	생각의뜰채(Dayspring)
	think-catch@naver.com
	INSTA. @gangwon_soozip

ISBN	979-11-981169-0-1 03050
ISSN	2951-214X

『로컬매거진 각.GAK』은 '강원도의 감각을 표현하는 로컬매거진'으로
강원도에 관한 이야기를 수집하고 있습니다.
전문 필진이나 포토그래퍼 외에도 일반인 및 에디터, 사진가를 꿈꾸는
모든 이들에게 지면을 드리고 있으니 많은 관심과 참여 바랍니다.

『로컬매거진 각.GAK』에 실린 기사의 일부와 만드는 과정은 온라인
카카오브런치 <로컬매거진 각GAK>에서도 보실 수 있습니다.
https://brunch.co.kr/magazine/magazine-gak

『로컬매거진 각.GAK』의 일부 폰트는 '강원특별자치도체'를 사용하였
습니다.

GAK